多元文化背景下的英语翻译研究

王晓芬 著

中国书籍出版社
China Book Press

图书在版编目（CIP）数据

多元文化背景下的英语翻译研究 / 王晓芬著 . -- 北京：中国书籍出版社，2022.12

ISBN 978-7-5068-9237-7

Ⅰ.①多… Ⅱ.①王… Ⅲ.①英语—翻译—研究 Ⅳ.① H315.9

中国版本图书馆 CIP 数据核字（2022）第 201343 号

多元文化背景下的英语翻译研究

王晓芬　著

责任编辑	毕　磊
装帧设计	李文文
责任印制	孙马飞　马　芝
出版发行	中国书籍出版社
地　　址	北京市丰台区三路居路 97 号（邮编：100073）
电　　话	（010）52257143（总编室）（010）52257140（发行部）
电子邮箱	eo@chinabp.com.cn
经　　销	全国新华书店
印　　刷	天津和萱印刷有限公司
开　　本	710 毫米 ×1000 毫米　1/16
字　　数	210 千字
印　　张	11.75
版　　次	2023 年 3 月第 1 版
印　　次	2023 年 5 月第 2 次印刷
书　　号	ISBN 978-7-5068-9237-7
定　　价	72.00 元

版权所有　翻印必究

前　言

不同语言群体之间始终发生着各种交往活动，翻译是一种基本的交往行为，它将不同语言间的信息进行了转换。对于文化而言，语言是文化的载体和交流的工具，是文化的映射，能反映出不同的文化背景，任何语言都不能脱离文化背景而单独存在，二者之间具有紧密的联系；翻译是两种语言之间的转换活动，是不同国家、不同种族、不同文化背景下的人们之间所进行的交流与互动，是跨文化交流的桥梁。因此，文化与翻译之间存在着千丝万缕的关系。随着科学技术及经济的快速发展，全球化已成为不可抗拒的历史潮流，尤其是21世纪的今天。随着全球化而来的是不同国家、不同民族之间的交流日益频繁，这推动了各种文化之间的碰撞，作为文化交流的媒介，英语翻译的作用和意义是显而易见的，同时，文化因素对英语翻译的影响也越来越深入。由于不同的文化背景，我们和外国人在思想和表达方式上有很大的不同，在英语翻译中经常会出现各种各样的问题。因此，为了更好地应对由于文化差异而导致的英语翻译问题，也为了促进我国在国际上的交流和发展，我们应该从文化的角度对英语翻译进行研究。

本书共分为五章内容。其中第一章内容为英语翻译理论，主要从三个方面进行了介绍，依次为英语翻译概述、英语翻译的基本技巧、英语翻译的影响因素；第二章内容为中西方差异分析，主要从三个方面进行了介绍，依次为中西方语言差异、中西方文化差异、中西方思维差异；第三章内容为文化与英语翻译研究，主要从四个方面进行了介绍，依次为文化概述、文化翻译的理论知识、英语翻译中文化的承载、文化翻译的误区及影响因素；第四章内容为多元文化下的文化翻译，主要从四个方面进行了介绍，依次为物质文化与英语翻译、社会文化与英语翻译、生态文化与英语翻译、人文文化与英语翻译；第五章内容为多元文化下的文学翻译，主要从三个方面进行了介绍，分别为文学翻译的理论基础、文学翻译与文化研究以及诗歌、小说与英语翻译。

在撰写本书的过程中，作者得到了许多专家学者的帮助和指导，参考了大量的学术文献，在此表示真诚的感谢。本书内容系统全面，论述条理清晰、深入浅出，但由于作者水平有限，书中难免会有疏漏之处，希望广大同行及时指正。

作者

2022 年 6 月

目 录

第一章 英语翻译理论 ·· 1
  第一节 英语翻译概述 ·· 1
  第二节 英语翻译的基本技巧 ······································ 12
  第三节 英语翻译的影响因素 ······································ 16

第二章 中西方差异分析 ·· 20
  第一节 中西方语言差异 ·· 20
  第二节 中西方文化差异 ·· 29
  第三节 中西方思维差异 ·· 58

第三章 文化与英语翻译研究 ·· 79
  第一节 文化概述 ·· 79
  第二节 文化翻译的理论知识 ······································ 84
  第三节 英语翻译中文化的承载 ···································· 89
  第四节 文化翻译的误区及影响因素 ································ 97

第四章 多元文化下的文化翻译 ······································ 101
  第一节 物质文化与英语翻译 ······································ 101
  第二节 社会文化与英语翻译 ······································ 108
  第三节 生态文化与英语翻译 ······································ 119
  第四节 人文文化与英语翻译 ······································ 123

第五章　多元文化下的文学翻译⋯⋯⋯⋯⋯⋯⋯⋯⋯⋯⋯⋯⋯⋯⋯⋯ **133**
　　第一节　文学翻译的理论基础⋯⋯⋯⋯⋯⋯⋯⋯⋯⋯⋯⋯⋯⋯ **133**
　　第二节　文学翻译与文化研究⋯⋯⋯⋯⋯⋯⋯⋯⋯⋯⋯⋯⋯⋯ **143**
　　第三节　诗歌、小说与英语翻译⋯⋯⋯⋯⋯⋯⋯⋯⋯⋯⋯⋯⋯ **151**

参考文献⋯⋯⋯⋯⋯⋯⋯⋯⋯⋯⋯⋯⋯⋯⋯⋯⋯⋯⋯⋯⋯⋯⋯⋯⋯ **181**

第一章 英语翻译理论

从多元文化角度对英语翻译进行研究，首先要对英语翻译的理论知识有一定的了解。本章内容讲述英语翻译理论，主要从三个方面进行介绍，依次为英语翻译概述、英语翻译的基本技巧、英语翻译的影响因素。

第一节 英语翻译概述

一、翻译

（一）翻译的定义

随着经济全球化和文化交流程度的逐渐加深，不同国家之间的交往和联系也日益密切。翻译媒介和信息转换的手段，其重要性日益凸显。事实上，自翻译活动诞生以来，人们对翻译的各种研究就没有停止过。本章作为开篇章，首先对翻译的各种基础知识进行介绍，包括翻译的定义与分类等，以帮助读者对翻译活动有一个整体的把握和认知。

翻译工作至今已经走过千百年的历程。无论在东方还是在西方，翻译工作都源远流长、历史悠久。无论国外学者还是中国学者，都将翻译视作一种文字之间的转换活动。具体来讲，翻译这种转换活动是具有以下一系列特征的：首先，译文需要在信息传达和表现风格上力图与原文等值；其次，我们这里所说的这种等值并不是完全地生搬硬套，而是要尽可能地接近、还原，如果仅仅是追求形式上的东西，那么其中所包含的更重要的内涵也会被舍弃，这就本末倒置了；最后，针对不同题材的文学作品要有所区别，千篇一律的翻译方式是行不通的，要使不同的文体表现出自己独有的个性。

在翻译过程中，译者们要尤为注重的一点就是，我们的任务只是进行文字语言上的转换，其涵义是万万不能发生变化的。翻译主要由两个要素组成，一个是准确性，另一个是表达性。所谓的准确性指的就是译者在翻译的过程中必须要尊重原文作者的意思，不可将文章所要表达的涵义进行较大的改动，这也是翻译遵循的首要条件，所选用的词句必须将原本的涵义准确地表现出来。而表达性所指的就是让译文能够被本国的读者更容易地理解，所以译者在翻译的过程中就要利用自己所能利用的一切手段尽可能将原始的意思表达出来。总而言之，翻译注重准确性可以保证翻译出来的文字在思想上是明确无误的，而表达性则是使译文更加具有魅力和活力，帮助读者更好地理解文字的内涵。

（二）我国翻译的发展

翻译是人类历史上最悠久的文化交流活动，更是一种创造性的语言工作。英语翻译及其标准的发展也不例外。对英语标准的看法随着不同的历史时期、不同的社会背景和不同的视角而不同。纵观历史，我国英语翻译的历史发展及其标准的变化大致可以分为三个阶段。

1.翻译的起源

（1）"信、达、雅"的雏形

我国的翻译事业的发展至今已有两千多年的历史了，最初是从佛经翻译开始的。佛经的翻译在东汉桓帝建和二年就已经出现了，当时的佛经翻译大师所强调的是"信"，也就是传递原著的真实性内容，一直到唐代翻译家，如玄奘的翻译理论和实践中依旧讲究的是"信"。支谦的翻译标准之一还有"雅"，这一点从他反对将炎不雅的翻译中就能得出，与支谦同时代的其他翻译家讲究"今传胡义，实宜径达"，由此"达"也是当时的翻译标准之一。因此，这一阶段可以说是翻译标准"信、达、雅"的雏形阶段。

（2）"直译"与"意译"

由于不精通梵文，所以选择严格的直译来避免译错，《毗婆沙》就是按照直译的方式，逐句翻译的。而到了西域，龟兹人鸠摩罗什通过研究之前的佛经翻译译文，发现其不足之处，所以他不主张采用直译，而是转变成意译，不仅弥补了直译的缺点，同时又生动地展现了原著的风貌，奠定了我国文学翻译的基础。

（3）"忠实"与"通顺"

玄奘在唐太宗二年远去印度学习17年，回国之后，他通过汉文、梵文的相互翻译，成功地把汉文著作推广到各国，从此文字翻译出世。他遵循的"忠实、通顺"标准在当今翻译界仍存在影响力。

2. 翻译的发展

（1）"信、达、雅"的发展

谈到翻译标准，大多以文学翻译为核心。特别值得一提的是严复和他的"信、达、雅"翻译标准。严复作为我国清代末期著名的新兴资产阶级启蒙思想家，他在自己翻译的过程中将古代翻译佛经的经验借用了过来，并且根据自己的实践经历，提出了著名的"信、达、雅"翻译标准。随后的一百年，这一标准被许多翻译家认可，积极引导着翻译活动进行，但是，他所谓的"雅"，是一味地强调译文自身的典雅，比如要是运用了上等的文言文句法，就会显得译文形式上高雅。人们对其"雅"从一开始便有争议。激进派在白话文出现以后开始了其声讨之事，尽力推翻"雅"这个标准。因此，可以看出人们对"雅"字有很大争议，而"信、达"两个标准则被人们普遍认可。

（2）"神韵"的发展

"神韵"一词在20世纪20年代开始萌芽，茅盾针对这一词发表了自己的看法："在文学翻译中，宁失'形貌'而不失'神韵'，因为一篇译文的'神韵'代表着原著的灵魂，形象地传递原著的感人之处是文学翻译所追求的目标。"因此，可以看出"神韵"的重要性，20世纪50年代傅雷在"神韵"的基础上提出了"神似"的概念。

（3）"三美论"的发展

20世纪70年代末我国翻译事业出现了一次高潮。受西方翻译理论的熏陶，有些学者试图延续严复的翻译理论并做出改善。有人干脆说："还是'信、达、雅'好。"随着时代的转变，人们的思想自然也就不同了，我们对于严复当初所提出的"信、达、雅"也有了全新的理解。现在的人们普遍认为，其中的"雅"已经不再是当初的"尔雅"和"用汉以前字法、句法"，现在所指的就是"保存原作的原有风格"。熟知英法两种语言的许渊冲先生在"雅"字标准的基础上提出了"三美论"，强调在音美、意美、形美三方面注重文学翻译。

3. 翻译的发展趋势

与文学翻译注重传达原著的艺术审美和文学欣赏不同，非文学翻译强调的是有效地传递信息的实用性翻译，并且涵盖政治、经济等多个社会领域，由此可见，非文学翻译不仅具有较强的实用性，应用面也极其广泛。

随着国际商贸合作和对外交流活动的日益增多，非文学翻译是我们在日常工作中遇到的最多的翻译情况，特别是各类实用文体的翻译，更是广泛地运用在各个行业中，如科技、外交、法律、经济、贸易、金融、旅游、传媒等。在世界经济进入信息化、科技化、一体化、全球化之前，"以文学翻译为中心"也许无可厚非。然而，非文学翻译随着世界经济的快速发展被大量地需求。

现在的翻译事业，对非文学翻译需求量远远超出了文学翻译。所以大多数的用人单位看重的是毕业生是否能准确地翻译经济、科技等这些非文学翻译资料，对文学资料的翻译并没有过多要求。文学翻译讲究的是保留文学的艺术美感和文学价值，而非文学翻译注重的是译文的实用性和应用性，比较考验翻译者的学科基础理论知识、独特的语言结构和专业词汇等。

著名翻译学者李长栓在其著作《非文学翻译理论与实践》中指出，非文学翻译的标准是"方法得当、意思准确、语言朴实"[①]。这个标准无疑也是非文学翻译的基本原则和准绳。方法得当首先指的是翻译工具的选择和使用。在现代信息化社会，翻译工具经历了彻底的革命。从原来单一的英汉词典和汉英词典到现代英汉和汉英双解词典，从费时费力的纸质词典到快捷的电子词典，还有微软公司开发的具备翻译功能的软件。适应并选择现代化的翻译手段，能大大提高翻译的速度和翻译的准确性，取得较好的翻译效果。从理论层面上讲，方法得当指的是翻译技巧的选择和使用。

在非文学翻译中，译者可以通过概括原文信息、改换原文形式、增补删减内容等方式适当地进行调整，以便满足读者的阅读兴趣。这些翻译的方法和技巧基本上都不符合我国传统文学译论的标准，但却都是非文学翻译中行之有效的惯用方法。非文学翻译的核心标准是准确。在非文学翻译中，准确更具有现实的意义。例如，法律、医药等关系到人的生命安全的文本翻译和条约、协议等影响谈判合作的翻译，都不允许出现丝毫的差错，否则就会造成严重的后果。

---

① 李长栓. 非文学翻译理论与实践 [M]. 北京：中国对外翻译出版社，2004.

二、英语翻译

（一）英语翻译的分类

1. 不同标准下的分类

根据不同的标准，可以将翻译进行不同的分类，具体如下。

（1）根据翻译的处理方式，翻译可分为全译、摘译和编译。全译指的是将原文中的语句和内容进行完整地翻译，这也是在日常的翻译过程中十分常见的。摘译所指的就是根据实际使用者的现实需求，仅仅对原文中的部分内容进行翻译，是具有一定选择性的。而编译所指的就是在进行完整翻译或部分翻译的过程中，对译文进行进一步加工和调整，使其以一种全新的方式出现在人们的面前，在这过程中当然还是要遵循翻译的准确性的。

（2）根据翻译的手段，翻译可分为人工翻译和机器翻译。人工翻译又可以分为笔译和口译两种。而机器翻译，顾名思义，就是一种采用现代智能科学技术和现代对比语言学相结合的一种技术。随着时代科技的继续发展，机器翻译未来有望在某些领域代替人工翻译。

（3）按翻译的工具和成品形式，翻译可以分为口译和笔译。

（4）根据翻译所涉及的语言的形式与意义，翻译可分为语义翻译和交际翻译。语义翻译所指的就是在语法和句法结构允许的情况下，尽可能将原文上下文的涵义准确地表现出来。交际翻译所指的就是努力实现读者最终的阅读效果与原文的效果尽可能接近。

（5）根据翻译的题材，翻译可分为专业文献翻译、文学翻译和应用文体翻译。

（6）根据译者在翻译时所采取的文化姿态，翻译分为归化翻译和异化翻译。归化翻译一般所指的就是意译，就是将原文语境中的适合的翻译成分转化为转译语言系统中合理而舒适的语句成分，使得读者能够快速理解语句中所要表达的内涵。而异化翻译就是我们通常所说的直译，是直接按照源语文化语境的适宜性翻译。

2. 语内翻译、语际翻译和符际翻译

翻译是用另一种语言解释原文的语言符号。雅各布逊从符号学的角度，即按所涉及的两种代码的性质，将翻译分为语内翻译、语际翻译和符际翻译。

（1）语内翻译

语内翻译所指的就是在同一语言体系内将不同的语言进行相互转化，如把用古英语创作的《贝奥武甫》转译成现代英语，把用文言文写的《史记》转化成现代白话文，将湖南话转化成普通话等。也就是说，语内翻译是用同一语言的另一种符号来阐释其言语符号。英语学习中解释疑难句子常常用到的paraphrase实际上也是一种语内翻译，即同一种语言内部的翻译。

语内翻译不一定要指向某个预设的真理，它还可以沿着不同的路线导向不同的目的地，唯一能够确定的是，对同一文本的阐释有着共同的出发点。某种程度上，语内翻译不需要将意指对象完整真实地显现出来，它仅是一种表现形式，体现着人类精神的相互沟通和相互阐发的过程，人类精神文化的不断创造过程使人类的文化不断地丰富起来。

（2）语际翻译

语际翻译是一种语言的符号与另一种语言的符号之间的口头或笔头的转换，如英译汉、汉译英等。也就是说，语际翻译是运用另外一种语言的符号来阐释言语符号。语际翻译就是人们通常所说的翻译，即狭义的翻译。语际翻译就是指多种语言在同一个语义环境中进行有意义的交流。

语际翻译的过程其实就是原文在不同的文化环境中的再现过程，原文中的那些符号就是存在于非语言的符号体系中，也可以称之为是一个宏观的文化背景。因此，要想在翻译过程中达到语际翻译层面，就需要我们将原文的特定文化背景进行解读，找到其所想表达的真正涵义，然后在目的语的文化环境中进行特定的表达。如果我们从符号学的角度来看，一个语言符号的指示意义主要分为三部分，分别是语义意义、句法意义和语用意义。由此可知，要将这三种意义准确表达出来就成了语际翻译的重中之重。

（3）符际翻译

符际翻译是语言与非语言符号或非语言符号间的翻译，语言与手势语间的翻译、英语与计算机代码间的翻译、数学符号、音乐符号、手势语与旗语间的翻译等都属于符际翻译。换句话说，符际翻译就是运用非语言符号系统来阐释语言符号。

符际翻译所指的就是在原文中的语言符号在非语言的环境中的解读。这时的翻译过程所强调的就是将原文中的感觉表现出来，是一种针对图像符号本身意义的特殊翻译形式。具体而言，符际翻译对等就表明了原文与译文在一些物理特征上也是对等的。以英汉翻译举例来说，要想使英文与中文翻译出来的句子在长度和标点符号上达到对等这显然是不太可能的，所以就至少要在符际层面的外观上做到大致对等。

（二）英语翻译的具体过程

1. 文本的选择

众所周知，要想翻译就需要先找到适合的文本，也就是涉及选择文本的问题。谢天振在《译介学》中提出创造性叛逆的命题，其实也正是对译者主体性的认可和论证[①]。查明建、田雨就将译者的主体性定义进行了大致的总结：译者主体性所指的就是译者在尊重翻译对象的前提下，在翻译活动的进行过程中体现自身的主观能动性，它的基本特征就是译者的文化意识、人文品格和文化审美创造性。[②]

一般来讲，译者的主体性自译者动笔之前就已经开始发挥了，主要是体现在翻译文本的选择、翻译的文化、目的以及翻译策略的确定等方面。而要想开始翻译活动，译者首先就要将翻译的文本选择好，这是十分重要的，是翻译活动开始的前提。大多数情况下，译者会在开始正式的翻译活动前通过自己阅读或他人评价等方式来了解原文，以形成对此初步印象，然后逐步调动起自己的文化和审美等多方面的能力来对这一印象进行评价或批评。而当这一印象与译者的知识体系相接近时，自然就会欣然接受这种文本类型的选择，由此可见，译者选择文本的原则绝大多数情况下是根据自己的实际情况和喜好来的，这也是译者主体性的一种体现：当译者的知识体系或结构与原文大致吻合时，就对其接受；相反，就会表现出对其的排斥和不满情绪。除此之外，适合译者的文本也是有利于其自身能力的发挥的，译者的写作风格可以自然融入原作之中，为读者带来全新的阅读体验。

翻译活动本身并不仅仅是简单的语言转换，更是一种文化的交流和碰撞，而译者在其中所起到的作用就是这一过程的实施者和引领者。从文化的角度来看，翻译的目的就是借助一种新的语言形式，为译入语提供新的想法和思路，支持或

---

① 谢天振.译介学[M].上海：上海外语教育出版社，1999.
② 史春景.从电影《功夫熊猫》字幕的不同译本看译者的主体性[J].剑南文学：经典阅读（上），2012(7)：1.

颠覆其所处的地位。这也就是说，翻译对于原始文化来讲可能会起到以下两种作用：其一是借助外来文化凸显出本土文化至高无上的地位；其二是将外来文化作为攻击或挑战本土文化的武器或工具，试图融入其中。而译者在这其中所起到的作用全凭一念之间，主要是根据他对这两种文化的感知程度来决定的，这也是其主体性的体现。而翻译的文化目的对于翻译策略的影响也是很大的。如果是以宣扬本土文化为目的的话，译者多采用的是归化意译的手法；而如果是基于挑战本土文化的目的来翻译的话，采用的则多是异化直译的手法。除此之外，译者的读者意识在其中所起到的影响也是不可忽略的。在读者最初认识外来文化的时候，译者们就尤其注意要采用更接近本土文化的语言方式来进行翻译；而当读者对于这种文化有了一定的了解后，其审美趣味和品位也会随之有所提升，对于翻译作品的质量要求也会更高，所以过多地依赖本土文化进行翻译就会显得非常不专业。

2. 文本的表达

表达是在实现由源语向译入语信息转换的关键。表达的好坏取决于对源语的理解程度和译者实际运用与驾驭译入语的能力。

就译入语而言，在表达方面首先要做到遣词准确无误，其次还要考虑语体、修辞等因素，切忌随便乱译。例如，a little, yellow, ragged, lame, unshaven beggar，语义比较清楚，有人将其译为"一个要饭的，身材短小，面黄肌瘦，衣衫褴褛，瘸腿，满脸短髭"。这就在表达中出现了各种语体混杂和遣词失当的错误。例如译者没有弄清汉语的"髭"相当于英语的moustache，且为书面用语，而"要饭的""衣衫褴褛"等词并不属于同一语域。另外，表达还受社会方言、地域方言、作者的创作手法、写作风格以及源语的影响。

此外，在表达时还必须根据具体的情况选择合适的语言单位。如果把句子作为翻译单位，在句子内部又要考虑词素、词、词组、成语等作为翻译单位的对应词语，而在句子外部要考虑的还有不同句子之间的衔接问题，在表现风格上也要达到统一。众所周知，不同的语言之间存在一定的差异是在所难免的，译者在翻译单位的对应方面就会难免出现一些问题。因此，译者必须对两种语言不同的特点进行对比研究，从而找出克服困难的某些具体方法和技巧。

此外，在表达时还要处理好内容与形式的关系。任何的语句和语篇都是包含有内容和形式这两种元素的，是二者的统一结合体，是分不开的。内容的表达离不开外在的形式，而特定的形式离开了充实的内容也就失去了存在的意义了。因此，要做到忠于原文，就要求译者既要善于移植原文的内容，也要善于保存其原有的形式，力求形神具备。所谓形式，一般包括作品的体裁、结构安排、形象塑造、修辞手法等，译文应尽可能将这些形式表现出来，借助"形似"更充分地表达原文的内容。

3. 文本的分层

在翻译活动的进行过程中，译者需要在以下四个层面对原文和译文负责。

（1）文本层次

文本层次所指的就是原文的最表面的意思，这也是译者需要在拿到原文后就最初要关注到的，因为任何的翻译如果脱离了原文，就没有其存在的价值了。我们可以这样说，原文既可以称之为翻译活动的起点，也是其终点。俗话说，同一个意思，要想将其转化成文字，是可以有多种不同的表现手法的。对于同一句话而言，使用的是被动语态还是主动语态，选用的是直接引语还是间接引语，对于最后句子的呈现效果还是有很大影响的。这个道理对于词汇而言也是相通的。因此，译者在翻译的过程中把最后所选用的词语放在一定的语义环境中，与其他的同义词相比必然是不同的。所以，我们在翻译的过程中要重视思考起来。但是，如果在翻译时过于死抠原文，完全逐字翻译，就可能会产生不符合本国读者阅读习惯的情况发生，这在一定程度上是由文化的差异性来决定的。

（2）粘着层次

每种语言都有自己独特的衔接方式，衔接方式实际上反映了本族语说话者独特的思维方式。因此，在翻译时不能完全照搬原文的衔接方式，而必须在充分理解原文的基础上用合适的语言去组织译文。粘着层次所注重的就是在段落和语篇层面上对于原文的注重。虽然有的翻译出来的句子看似是正确的，但是当他们放在一起时就显得异常不合理，读起来不顺畅，这是因为英汉两种语言在语法，尤其是词序上，有着很大的差别。除此之外，中英文在语句的标点和长度上的差异也是造成这一问题出现的一个重要原因。英文的句子有时会出现一些从句非常多的情况，在翻译成汉语的过程中，就需要在必要的地方进行断句，然后不断进行调整，变成符合我们语言和阅读习惯的语句。总而言之，要想译文能够顺畅，并且满足读者们的现实需求，就需要译者在翻译的过程中充分考虑到二者之间的差别，尤其对于句子之间的衔接要尤为关注，才能使译文成为一个连贯的整体。

（3）自然层次

自然层次是对译文行文的基本标准。对所有类型的文本，译文都必须是顺畅而自然的，要符合译入语的习惯。但在少数情况下，初级的译者所翻译出来的语句十分别扭，不通顺，产生这种现象的原因除了其本身功力欠佳外，还有过于注重原文，选词用字照抄词典，不顾上下文是否合适，过于拘泥原文的句子结构，如词序等。

在翻译过程中，经常会发生译文不自然、不符合译入语习惯的问题。要想彻底解决这种问题，就需要译者在翻译的过程中既要发挥自身的主体性，也要努力克服原文对自己的影响，用符合本土人民语言习惯的方式来表现原文的涵义，要做到既忠于原文，又要顺畅而自然。在翻译完成后，可以不迅速定稿，可以放置一段时间后，再通读一遍，往往这时就会发现许多意想不到的问题，是当初没有发现的。

（4）所指层次

所指层次是指译者对原文所指意义的把握。原文说什么，译文就要说什么，这是对翻译的起码要求。但是，当原文所要表达的涵义并不清晰时，就需要译者在这里下很大的工夫，要想透过这层迷雾看清里面真实的内容，是需要花费一些工夫的，最终还要用本土语言来准确地描述出来。这时，两种语言存在的差异是不可避免的，必然就导致译入语和原文之间存在一定的距离。

在汉译英时，我们常常会对自己的作品非常有自信，认为自己是绝对不会出现问题的，然而事实并非如此。在实际的翻译过程中，一些我们难以理解的、很幼稚的理解错误反而是时常出现的，这就要求我们在释义时，不可放松警惕，严谨是十分重要的。

4. 文本的审核

审核被认为是翻译过程的最后一步，也是帮助理解和表达进一步深入的过程，在对原文内容进行核实的过程中，要对译文进行进一步的推敲。审核主要有以下两个目的：其一是检查译文的质量，翻译是否准确；其二是检查译文的流畅度和自然度。

国内外翻译学者都非常重视译文的审校工作，纽马克主张用来审校的时间应该是翻译所用时间的50%～70%，即使是考试，如果时间为3小时，审校时间也至少需要35分钟。此外，在环境许可的情况下，可以朗读一下自己的译文，亲耳听一听，对译文的修改也很有好处。

在一般情况下，完成整部作品的翻译后，需要审校至少两遍，其中第一遍主要是对照原文，检查是否出现了翻译错误，第二遍是为了对于译文中的文字和语句进行进一步深化和润色。如果在时间允许的情况下，我们还需要再对照原文通读一遍，进行最后的检查和修改，以保证不存在基础性的失误，使其中所包含的问题都能够得到解决，经过这样审校流程的译文才能够最终定稿。具体来说，在审校阶段应特别注意以下几点。

（1）审校人名、地名、数字和方位是否有错误。

（2）审校译文中大的翻译单位，价差有无错漏、误译或欠妥之处。

（3）审校专业术语是否正确。

（4）审校成语以及其他固化的表达结构，包括各种修辞手法和修辞习惯。

（5）校正错误的标点符号，使其符合目标语的语言规范。

（6）力图使译文不出现异常生僻的文字或陈腔滥调，在译文的段落和语篇层面要求自然而简练。

（三）英语翻译的特点

1. 蕴含丰富的文化内容

英语词汇的翻译作为翻译的基础内容，是十分重要的。只有漫长的历史文化才能造就一门语言，因此，英语作为西方国家的主要沟通工具，自然是具有一定的历史文化性的，在翻译的过程中，我们也会发现，不同的词汇涉及了不同的西方国家文化，因此这也是英语翻译最为明显的特征。但是由于中西方文化之间存在的差异还是巨大的，不同的社会历史发展状况，最终造就了不同的文化特征，因此在进行中西互译时英语译文的准确性就会受到一定影响，这是在所难免的。所以，要想从根本上缓解或解决这个问题，就需要译者们充分了解不同地域间的文化差异，这是十分重要的。

2. 礼貌实用性要求较高

英语翻译的目的其实就是让读者们能够不迈出国门，就了解到英语内容的内涵和诉求，以实现中西方文化的友好沟通和交流。由此可知，英语的翻译对其实用性是有着较高要求的，这也是这份工作的核心内容和要求。而英语翻译的最终目的则是实现无障碍的沟通，也就是说在翻译的过程中礼仪的问题是我们要关注的，就像平时和朋友或同事进行交流时是一样的，因为只有礼貌的翻译才能让英语沟通的氛围始终是在可控的范围内的，不至于失控，最终达到实现有效翻译和有效沟通的目的。总而言之，如果在翻译英文的过程中十分粗浅，没有注重最基本的翻译礼仪和实用性特征，这对实际的翻译活动的进行还是有很大影响的，甚至会导致最终无法完成这项任务。

3. 专业准确性要求较高

英语翻译工作的任务就是让翻译与被翻译对象二者的诉求都能够得到表达，并且是准确无误的，这就对译者的水平提出了较高的要求，要求他们必须是具有一定知识积累的专业人才。翻译工作者们对不同地域的文化都要有一定了解，这可以说是译者的基本工作能力了，只有具备了这项工作能力，才能更好地开展工作，译文才会更加准确，文字结构才会更加合理，读者们才能更清晰地理解原文所要表达的涵义。这在一定程度上也可以提升翻译的准确程度，使文章中语句更加顺畅自然。

第二节 英语翻译的基本技巧

一、词汇的翻译技巧

（一）词类转换法

我们一般所说的词类转换法，指的就是在保持原文内涵不变的前提下，对其中所包含的一些词汇的词类进行转变，使译文能够合乎本土的语言习惯，语句流畅自然。常见的词类转换方式有转译成动词、转译成名词、转译成形容词。

1. 转译成动词

（1）名词转译成动词

例如：The sight of the boy reminds me of his passed father.

看到那个男孩，使我想起了他已故的父亲。

该例中的名词 sight 被译为动词"看到"。

（2）形容词转译成动词。

例如：To my great surprise, I became aware of a surfer off the shore, patiently padding his board while he is waiting for a perfect wave.

令我吃惊的是，我看见一个冲浪者离岸很远，耐心地踏着滑板，等待一个最理想的浪头。

该例中的形容词 aware 被译为"看见"。

（3）副词转译成动词。

例如：Families upstairs have to carry pails to the hydrant downstairs for water.

住在楼上的人家得提着水桶去楼下的水龙头打水。

该例中的 upstairs 和 downstairs 被分别译为"住在楼上"和"去楼下"。

（4）介词转译成动词。

例如：This is the key to the window.Open the window to escape in case of fire.

这是打开窗户上锁子的钥匙。如果遇到火灾，打开窗户逃走。

原文中的介词 to 和 in case of 被巧妙地翻译成汉语的动词"打开"和"遇到"。

2. 转译成名词

可以将原文中的词类转译成译文中的名词的情况主要有下面几种。

（1）在英语体系中其实包含有很多由名词派生出来的动词，以及还有不少的动词是可以转化成名词的，当在汉语体系中很难找到对应的动词时，将其转化成名词也不失为一个好办法。

（2）一些英语被动句中的动词，可以译为"受（遭）到……+名词""予（加）+名词"结构。

（3）英语中一些形容词在特定的上下文中，一般可译为名词，一些形容词加定冠词可以表示某个种类，也可译为汉语中的名词。

3. 转译成形容词

英语中由形容词派生的名词可以转译成形容词。

(二) 增词法与减词法

1. 增词法

所谓增词法，是指在原文基础上增加必要的词、词组、分句或完整的句子，以使译文在语义、语法、语言形式上符合译文习惯，在文化背景、词语连贯上与原文一致，使文字更加清楚。通常来说，增词法可用于下面几种情况。

（1）因语法需要而增词。

（2）为意义表达清晰而增词。

2. 减词法

所谓减词法，是指将原文中需要而译文中不需要的词去掉。减词法一般可以用于以下几种情况。

（1）因语法需要而减词。

（2）因修辞需要而减词。

(三) 音译法

将原文的发音直接转换成译入语相同或相近的语音，这种方法叫作"音译法"。

二、语篇的翻译技巧

(一) 段内衔接

由于英汉语言之间的差异性，所以译者不能对原文段落中的句子进行死译，否则会造成文章的逻辑线索或脉络不清晰，译文有如断线残珠，四下散落。每一个连贯的语篇都有其内在的逻辑结构。因此，译者在翻译时也需要对语篇脉络进行分析，将语篇中的概念连接整合，进而使译文能够逻辑清晰，顺序明确。在具体的语篇翻译过程中，译者可以选择不同的技巧处理其内部的衔接和整合。

1. 替代与重复译法

在英语的段落中，我们一般会依靠词汇之间的变换来衔接句子，或者说是进行句子与句子之间的呼应，如可以用代词、近义词或同义词以及替换的句型来将前文中出现的类似的词语进行替换。相反的是，在汉语中，出现这样的情况时我们是采用重复的手法来进行处理的。因此，在英语转译成中文时，可以采用重复的手法来进行替换，也就是通过重复处理来达到译文中段内衔接的效果。

2. 连接性词语或词组的译法

在对篇章结构梳理的过程中，译者会发现很多连接性词语或词组。对具有连接作用的词语和词组的分析可以更好地理顺文章脉络，所以掌握这些词语和词组的译法非常有必要。英语中包含大量的连接词或词组。

（1）表示举例或特指的 for example，for instance，in particular，specially 等。

（2）表示转折的 but，however，nevertheless 等。

（3）表示频率的 often，frequently，day after day 等。

（4）表示方向的 forwards，backwards，in front of，behind 等。

通过这些连接词或词组的使用来实现段内或段落之间的衔接与连贯。对于这些词的译法并没有统一的标准，有时会出现一词多译的现象，翻译时译者要根据上下文以及译入语的表达习惯进行灵活翻译。

3. 省略部分的译法

省略现象在英汉语言中都很常见。通常情况下，英语按语法形式进行省略，如省略名词、动词、表语、主谓一致时的主语或谓语等。而汉语往往按上下文的意义进行省略，包括省略主语、谓语、动词、关联词、中心语和领属词等。

相对于英语而言，汉语的省略现象非常普遍，且其省略标准也很复杂，不易掌握。汉语中的一些省略现象实际上并不能算是省略，如果将其"省略"的部分补上，语句反而会显得别扭，但是在汉译英时一般要将这些省略部分补上。由于英语属于重形合的语言，而汉语属于重意合的语言，所以从英汉对比的角度来看，英译汉时，许多英语原文中省略的部分在相应汉语译文中不能省略。

（二）段际连贯

语言片段以语篇意向为主线所形成的语义上、逻辑上的连贯性称作"段际连贯"。同段内衔接一样，段际连贯也可以通过替代、重复、连接词的使用、省略等手段来实现，也可以通过一定的时空、逻辑关系的贯通来实现。因此，译者在翻译的过程中，必须把每个词、每句话都放在语篇语境中去考虑，正确推断上下文的逻辑关系，领会作者的意图，适当遣词，从而保证译文的意思清晰、明了。

通过上面的分析可以得知，在进行具体的语篇翻译实践过程中，译者既要强调英汉两种语言在句式和篇章结构等方面的差异，又要注意对文章中字词句的翻译，从整体上把握语篇的连贯性和语域等问题。这样两手兼顾，才能翻译出符合译入语语言习惯的译文。

第三节 英语翻译的影响因素

一、影响英语翻译的因素

（一）地域生活环境之间的差异

从直观上来看，影响英语翻译准确性的因素主要是地理环境的不同。众所周知，地域的差异自然也会造就文化的差异，不同的文化内涵是由于地域上的差异而产生的，这必然会对翻译的最终结果造成一定影响。例如，以中西方的地理环境差异来进行说明，对于中国人来说，东风是送来温暖的，而西风是寒冷刺骨的，因此在我们的大多数文学作品中，"东方""东风"都是受到赞誉的，如"东方雄狮""东风送暖"等就是很好的例子。正相反，对于西方国家来说，只有西风才能带来一丝丝暖意，因为它们背靠寒冷的欧洲大陆，所以在西方的文化之中，西风在人们心中是温暖的存在。正是不同的地域文化，为我们的翻译工作带来了一定的阻碍和挑战。

（二）民族文化心理之间的差异

除了生活地域的不同外，还有民族心理之间的差异也是会对翻译的最终结果造成影响的。在我们国家尚且还有56个民族，每个民族之间的生活习惯、饮食口味和文化等还有巨大的差异，更不用说中西方两个国家之间了，差异一定是巨大的。我们普遍认为，民族是一个以特定范围为生活地域，拥有自己共同的语言和文化的群体，所以他们的文化心理也是相通的。由此可知，我们在翻译的过程中，一定要认清各个民族之间心理的差异，翻译一定是要建立在了解各个民族心理差异的基础上的，避免触碰他们的心理禁忌，只有这样才能将翻译工作长久有效地进行下去。例如，数字在不同的民族中就具有不一样的文化涵义，在西方国家中"13"是一个非常不吉利的数字，但在我国就没有这样的说法；而数字"4"和"18"在我国也是不吉利的，而在西方人的心里它们只是很普通的数字而已，并没有特殊的说法，这就是不同民族的文化心理差异所带来的影响。

（三）思维逻辑方式之间的差异

除此之外，思维逻辑也是影响翻译工作进行的一大重要因素。我们常常这样认为，语言是思维的外在表现形式，因此不同的思维自然也会带来不同的语言表现形式。我国的思维模式在不同的地域文化影响下是呈现出螺旋式的：在进行重大事件的表述前，我们习惯先作铺垫，以层层递进的方式将所要表达的事情引出。而对于西方国家的人而言，我们的这种表达形式过于烦琐，他们的思维和表达方式都是较为直接的，也可以称之为直线型的思维，也就是说他们往往都是有什么说什么，重点往往都是放在前面，不重要的放在后面，思维过程中是没有层层递进的手法存在的。

二、地域文化差异对英语翻译带来的具体影响

（一）修辞格式对英语翻译带来的影响

修辞格式是语言表达的一种重要形式，不同的地域文化也会对修辞格式造成一定影响，随之对英语的翻译工作也会造成阻碍。例如，在我国的文化中，用"猪"形容人的时候往往是在说明这个人是粗俗愚笨的，而西方则是会用"donkey"来表示；在中国的大部分民族和西方人的眼中，狼这种动物是凶残而不近人性的，但我国的草原民族却往往将狼视作勇敢和智慧的象征；在我国的文化中"龙"是处于至高无上地位的，我们还将自己称为"龙的传人"，古代的皇帝也自称是"真龙天子"，但是在西方的文化中，龙就是邪恶的象征，因此也就有"dragon warrior"的传说。不仅如此，在修辞格式的表现上，西方国家往往是直接的，而东方国家往往是更加趋向于隐含的手法，在英语翻译的过程中也要尤为注意这一点。

（二）物品差异对英语翻译带来的影响

除此之外，由于中西方文化和地域的不同，经济和科技的发展水平也是存在一定差异的，因此就造成了大量的物品是其他国家没有的，所以这些物品的翻译就成了英文翻译的一大难题。例如，在食品方面，西方国家的主食大多是牛肉和面包等，会用到"beef，bread，salad"等一系列词汇，但是在我们国家，食物的种类十分复杂，烹饪方法也是不同的，因此在进行食物的翻译时，像红烧狮子头，如果逐字翻译就会译成"braised lion head"，而老婆饼就会被翻译成"wife cake"，这就会使人造成误解，完全不知所云。总而言之，在实际的翻译实践过程中，物品翻译的差异也是译者们要尤为注意的。

三、英语翻译中解决地域文化差异影响的策略

（一）综合考虑文化语境进行英语翻译

要想切实提升英语翻译的质量，就要在翻译活动的进行过程避免因文化不同所导致的翻译错位现象，因此结合文化语境进行释义是很重要的，这种方式可以将英语的原文和译文更大程度上进行贴合。例如，如果对于衣装品牌"Gold lion"而言，只是翻译成"金狮子"的话，想必对于品牌的宣传而言是不太有利的，这样难以吸引顾客前来购买，而如果选择根据文化语境来进行翻译的话，是译成"金利来"，寓意喜气、财气双丰收，这对于十分看重文化寓意的东方国家而言，是一种吸引顾客的利器，可以在最大程度上吸引顾客前来消费，以正确发挥英语翻译的作用。

（二）灵活掌握地域文化表达特点差异

除此之外，英语翻译人员在拿到原作后，首先要做的就是对其进行分析，将其涉及的背景和地域文化进行深入了解，找出中西方文化在这方面的差异点是很重要的，对于其中包含的重难点和易错点，在翻译时也要十分小心，避免出现重大失误，尤其是涉及地域文化的内容要极其小心，以免触及他们的逆鳞，从根本上降低产生文化争议的可能性，这样对提升英语翻译的质量和效率是极为有帮助的。

(三)有效掌握运用英语翻译技巧方法

一般我们认为,英语翻译技巧的高低决定了最终译文的呈现效果和质量。因此,我们也将英语翻译技巧称之为"英语翻译的灵魂"。由此可知,英语翻译人员的专业能力和水平是十分重要的。在开始正式的翻译活动前,译者们要将翻译对象的语言运用形式和思维模式烂熟于心,熟练掌握"四字结构、专业词汇、缩写略词"等翻译行业的常用知识,在业余的时间内也可以与其他的伙伴或同事积极进行交流,探讨大家的翻译心得和体会,以便提升翻译的质量和效率。同时,英语词汇量的积累在翻译过程中也是不可忽略的重要一环,不同层次词汇的应用可以帮助译文焕发出新的生机。

第二章　中西方差异分析

中西方在多方面存在明显的差异，需要对这些差异进行一定的了解。本章内容为中西方差异分析，主要从三个方面进行介绍，依次为中西方语言差异、中西方文化差异、中西方思维差异。

第一节　中西方语言差异

众所周知，语言文字的发展过程是十分漫长的，是经历了"合"和"分"的过程的。最初，原始时代的人们只是用呼喊和叫喊的方式来表达自己想要传达的思想，到后来人们的思维和行动能力得到了进化，发展出了结绳和契刻等记事方式来传达信息，直至后来图画和文字的出现才使得信息传递的形式更加多样。这时的人们表达自己思想的文字形式大致得到了统一，这也就是语言文字的"相合"阶段。"真正的文字"其实是在大致四五千年前就创造出来了，如古埃及的"圣书字"、美索不达米亚的苏美尔楔形文字和中国殷商时期的甲骨文被认为是世界上最古老的文字，虽说这是"真正的文字"的开端，但其实这时的文字并没有完全成熟。图画和文字作为记事方式在发展历程上是呈递进关系的，当图画成了当时记事的传统活动后，人们才将记事活动逐渐过渡到文字。当文字逐渐失去了所描绘事物的形象时，也就变成了文字符号。词或词素（语素）的语言文字符号系统是人类历史上最早形成的语言意义单位，是在人们的生产生活实践过程中逐渐形成的表意文字。随后，表音文字也逐渐被创作出来，它不是以词汇为单位出现的，而是以不具有实际意义的语言单位呈现出来的，也正是因为这样，表音文字也被称之为是音节符号，而可以与之直接发生联系的就是语音物质材料。因此，语言文字的"相分"也可以理解为语言文字分为以汉语言为代表的"表意文字"和西方语言（以字母组合成音节单位的）"表音文字"的两个方向。

至此，我们可以将中国的"表意文字"统称为"会意语言"，将西方具有"表音性"的文字统称为"确意语言"。由此可知，中西方的"表意文字"是存在一定差异的，它们都有自己的特性。

一、汉语语言表意的"会意语言"

汉字作为最古老的文字语言，它的诞生甚至可以追溯到殷商时期。中国据考究最早的文字是商代甲骨文，它可以说是上古汉字的开端，随着时代和文明的不断演进，我们也发现，文字开始逐渐走上了从象形文字逐渐向表意文字转化的道路，最终演变成了现在我们所看到的现代汉语言文字体系。

（一）汉字造字法

汉字造字法主要分为以下四种。

1. 象形

"象形"，顾名思义，就是以提取"象"为主。象形文字最初是由图画文字发展演变而来的，但随着时代的不断发展，人们就将图画进行了转化，形成了象征性更强的象形文字。象形文字就是用线条或笔画将所要表现的物体表现出来的文字形式，这种形式具有字形直观、象征性强等特征，可以以形表意，让看到的人迅速领会到其所表达的涵义。同时，这种文字的形式还是采用一种写实手法对空间中的事物加以描摹的产物，可以使人把文字和具体的事物有效连接起来。例如，"皿"这个字在甲骨文中就与酒樽的形象十分相似，而"目"字在金文就仿佛是人的一只眼睛一样。除此之外，在古汉字中还有许许多多的案例，像"日""月""山""人""马""鱼"等都是可以直接在文字中看出所要表达的物体的本义的。而象形字作为一个实体形象，是具有一定的直观性的，而且其字与语言中的声音和意义有着直接对应的关系。

2. 指事

"指事"造字法指的就是人们将具体事物中的性质和属性等特性用特殊标志标识出来，具体的使用方法就是要么可以在文字上直接标记出象征性符号，要么就是在字体上添加"指事"的标记符号。指事字与象形字相比是更为抽象的，这是因为指事字是在表现实体事物的象形字上添加了抽象符号。例如，"刃"字就是在"刀"字的基础上添加了"一点"抽象符号。指事字所指的就是"视而可识，察而见意"，在将具体的事物转化为象形字后，再在此基础上添加指示符号，来深度体会再造之字的深意。以"上"和"下"为例，我们可以将"一"看作是主体字，随之可以在它的上方或下方添加指示符号，就变成了"上"和"下"。我们还可以以"木"字为例进行详细说明，将指示符号"一"加在下端，就是"本"，标记为树的根基，因此"本"的本意就是树根，所以今天我们常说的"根本"就是其本义；而如果指示符号"一"加在了"木"字的中下部，就形成了"末"。经过研究发现，经由指事造字法创造出来的汉字的本意是弱于它的指意的，这是因为指事造字法更加看重象征手法的应用，简单的象形文字已经不足以满足人们的需求，而指事字是需要通过"透视"才能找出其中的真实涵义的，也可以说是人们对于具体事物的一种再抽象的认识。指事字虽然是添加了指示符号，在其所具有的象形文字中的那种一望可知的特征并没有完全消失，只是稍稍进行了弱化。

3. 会意

所谓"会意"指的就是将两个或以上的象形符号组合在一起，并在此基础上赋予其全新的涵义，以此来创造出一个新的汉字。会意造字法与象形造字法相对比而言是具有一定间接性的，但其中要使用有一定的直接表意性的。例如，"小"和"土"合在一起就是"尘"，象征光辉的"日"和"月"放在一起就是"明"亮的，而由"鸟"的"口"发出声音的行为就是"鸣"等等。再如，"解"字就是用"刀"把"牛"和"角"分开来的一种方式，这些就可以称之为是异体会意字。除了异体会意字外，当然还有同体会意字。如两个"人"走在一起就是"从"，多个"木"组合在一起就成了树"林"，树木丛生就变成了"森"等等，其实还有很多诸如此类的汉字。会意字将人们对于具体事物的深入探索体现得淋漓尽致，这种造字方法与其他两种方法相比功能也更为强大了，并且更多抽象的涵义被挖掘出来了，由此也可以说明人们的抽象和概括能力有所提升。会意字不仅可以帮助人们去更直观地观察文字和事物，也可以更加清晰地看出它们之间的关系。

以上三种造字法是从原始的图画中直接传承下来的，并没有进行很大的改变，主要就是对具体事物进行直接的描绘和形成带有一定隐喻性质的文字符号。

4. 形声

"形声"指的就是将一个字的形旁（形符）与另外一个字的声旁（声符）相结合，不仅是外在表征，其中的"表意"和"表音"也随之结合起来了。众所周知，形旁就是形声字的表意部分，而声旁就是形声字的表音部分。例如，"城"字就是以"土"为形符，"成"为声符；"河"就是以"水"是形符，"可"是声符；"吟"字就是"口"为形符，"今"为声符。除此之外，还要"喝""唾""哼"等都是以"口"为形符的形声字，而"桃""梅""梨"等植物就是以"木"为形旁的形声字。但是，形声字并不是仅仅只有标音，其中所蕴含的表意作用还是存在的，也可以将形声字看作是音义结合的重要载体。随着后来形声字的不断发展，它们的形符和声符也随之发生了变化，甚至到后来形声字们组合在一起后都难以分清形旁和声旁了。由此可知，这种造字方法从功能上而言，是强于上述三者的，然而形声字虽然已经有了标音，但它仍然还没有脱离单音节和图画式的方块字或笔画字，但是从涵义的表现上却更为深入了。由此可知，形声字既具有表意性，也是具有一定的象征性的。

（二）汉字的"会意语言"

在上述的汉字造字法介绍中，汉字的象征主义是其中每种造字法创造出来的汉字都具有的特性。例如，我们仔细观察"雨"字，就会发现其汉字框架中的小点与雨点是十分形似的；而"田"在"土"上，为故"里"等也是汉字象征主义的一种表现。而表意文字所指的就是汉字的涵义是从具体事物的形象描述中抽象出来的，由此可知，汉语言文字就是一种能够让人们领会其内在涵义的文字类型。所以，我们可以将象征性的汉字语言和符号都统称为"会意语言"。

1. 形式、结构上的"会意"

从汉字的形式和结构上我们来看"会意"就会发现，汉字其实就是一个"图画系统"，这其中所包含的秩序和规则帮助汉字可以稳定、持续地存在下去。我们当然知道，图画与汉字是两种完全不同的物质，这和现代语言所表达的观念几乎是没有关系的，仅仅是一种象征的说法，这种方式可以激发人们的图解和分析欲望，而在具体的分析过程中，图像文字就渐渐显露出头角了。图像文字是一种与具体事物关联十分紧密的文字形式，它是取万物之象来进行加工的，图像文字也就是在这里开始与具体事物的"词"建立联系的。视觉图像的形成是经由经验慢慢从事物中引导出来的，它所表现的就是事物的概念，而概念的形成是存在和形成于事物的形状知觉之中。当图像文字所要表现的概念最终确定下来后，线条才得以简化，形象化的象征符号才得以具有真实的意义。也就是说，抽象的概念是可以通过"会意性"的文字符号表现出来的，随着符号性的不断增强，文字符号也开始与抽象的概念产生联系，其中所包含的蕴意不断深化，这才最终形成了现在我们所看到的汉字。

其实，中国的汉字也被看作是一种视觉符号的，以象征性为基本原则，这样的汉字中即可以从中直接把握住，也会给人一种模糊的感觉。而直观的概念其实是从文字结构的角度来看的，而模糊的概念是从文字内涵的角度来把控的。但是，由于文字的内涵是隐藏在其中的，因而汉字是一种更注重内在的形式，仅仅只关注外观是行不通的。中国汉字从象形文字到会意字的表意文字符号的发展是经历了很漫长的过程的，再加上这期间有对称而规整的方块字的影响，中华民族的思维方式也在不断更新和发展。

2. 文法上的"会意"

西方国家的拼音文字在修饰关系和语态上更为注重。由此就有学者提出了这样的看法：英语和俄语必须在清晰地理解他们的句子结构后，才能真正理解他们所要表达的涵义。而汉语则恰恰相反，只要在搞懂了句子的基本涵义后，我们才有可能分析它的句子结构和特征。对于汉语的使用者来说，表意汉字和口语化的语言都是一种观念上的符号，是缺乏严格意义上的形态的一种文字形式，在汉语结构中，其词汇和句子的成分也并不是一一对应的关系。由此可知，汉语在一定程度上是不受语法的制约的，具体的语义是可以从不同顺序的词汇的排列组合中看出来的，不同的词汇摆放顺序就会造成不同的语义理解。因此，汉语结构在词汇之间的定位关系上十分看重，而文中的词汇的个别概念具有不确定性特征，它的实际概念是会随着整体命题的改变而发生变化的，只有结合上下文的具体语境，我们才能准确理解出词汇在当下的涵义。西方学者洪堡特就曾经这样认为，汉语句子的中的词汇排列是十分有深意的，只有你沉下心来去思索，才能真正理解其中的涵义，继续读下去，这跟思想的联系是分不开的。① 因此，要想从整体上把控住句子的结构，就需要进行动态调节，这是十分重要的。

下面，我们可以以"气"在中国传统哲学的解释来进行具体阐述。在《说文解字》中"气"是这样定义的，书中认为"气"是象形文字，有"气，云气也"②之论调，所象征的就是天地没有被分离时的统一体，水气上升，云气流动。《易传》中将"气"视为了万物元素的总和；庄子则认为万物都是由于"气"的变化而形成的；在《淮南子》中，将"道"称之为"元气"，而宇宙的产生发展就是借助"气"来阐述的；荀子也提出过"气"之理论，他认为"气"是构成生命的基础，是一般客观存在的事物；张载则曾经认为，凡是客观存在的事物都是"气"等等。由此我们可知，当同一个名词出现在句子中时，我们需要联系上下文理解词汇，这样才能把握具体的词汇内涵。所以，我们在理解词汇时，需要通过哲人曾经使用的语言对句子中的词汇排列关系先进行整体梳理和考察，进而才能真正理解词汇的涵义，也就知道了"气"字在句子中真实所指的是什么。但是，在古汉语的不同句子中，就算是同一个词汇，词性也可能会发生转变，有时作名词，有时又作形容词或动词等。例如，老子曾言："甘其食，美其服，安其居，乐其俗"。③ 这句话就是形容词用作动词的典型示例，所表达的意思就是，以其食为甘，以其服为美，以其居为安，以其俗为乐。这就是古汉语的文字特点，我们虽然能够在不断研究和理解的过程中发现它们的规律，但与西方相比，我们语言结构的严谨程度确实是略显不足的。

从构词方法上来看，汉语言和西方的确意语言是有所不同的。西方学者洪堡特就曾经指出，在汉语中，哥哥和弟弟就构成了"兄弟"。④ 在西方的语言体系中，概念的普遍性是通过定冠词来表达的；而在汉语的语言体系中，具有普遍性的概念就往往是由两个及以上的对立词所组成的。因此，严格来讲，这种词型也可以说是一种语言的修辞手段，这种描述于"语言的构词方法"这种说法来说是更为贴切的。这是因为，在一些场合中，汉语体系中并不存在简单的一般概念性词语，

---

① 林玮生.从文字选择的差异看中西文化的分野——以中国象形文字与希腊字母文字比较为中心 [J].外语艺术教育研究，2006(3)：8.
② 许慎.说文解字 [M].长沙：岳麓书社，2019.
③ 阚荣艳译注.老子 [M].北京：北京时代华文书局，2019.
④ 魏博辉.略论中西方语言文字的特性与差异 [J].学术探索，2013(4)：5.

所以只得采用上述的迂回表现方式，如年龄差别的表现是不能与表示兄弟意义的词语分开的，只能用年少的兄弟或年长的兄弟来表示，想要像德语中"Bruder"直接表示兄弟的涵义是比较困难的。因此，语法表达是需要在语言的内容中体现出来的，而这种类似的词型也是可以看作是一种构词方法的，但是这种构词方法与西方的语言文字相比所具有的抽象性差异是十分巨大的，但是对于个别词汇的感知性却提升了，其具体性就凸显出来了。

3. 音节上的"会意"

众所周知，汉语中的词汇多是单音节的，并且音节本身属于语音层级，因此，只要将词汇的语音框架建立在一个音节的范围内就是再合适不过的了。这样，音节就可以既是汉语词框的编码基础层单位，也能够满足语音框架的整体表达需要。因此，表达语义是可以通过"音节"上升转入语义层而完成的，所以也就导致了音节（语音框架层）和音节（编码基础层）在某种程度上是重合的，这也就变相导致了汉语文字系统中的字符（"字"）与词符（"字"）是重合的，而表音文字字符（"字母"）与词符（"单词"）是相分离的。由此可知，汉语言是可以直接转入到语义层的，也就是说汉语言文字是可以直接表达内涵的语言。所以，汉语言文字是带有会意性质的，但也是具有表意涵义的。除此之外，汉语体系中的字符与词符之间是相吻合的，由此我们也可以说单音节的汉字与拼音文字系统而言相比，是一种由图画文字发展而来的形象语言。并且，这种形象语言将其空间性展现得淋漓尽致，一个具有主要意义的单位基本上是可以由一个单音节词汇来表达的，是以字的形象来深挖其中的深意的。形象语言的具体表现形式就是我们现在仍在使用的方块字，这也就说明了这种语言形式在空间上的展开性和视觉效果是一种对于自然世界的展示和描绘。其实，形象语言和西方的声音语言相比还是有很大不同的，声音语言的表现形式就是拼音文字，而它的特征就是多音节组合在一起来形成一个意义单位，这也是其时间性的体现。声音语言是不具有象形的特征的，它的意义是由人们主动赋予的，而要想其他人也能够知道和了解这种涵义，就需要规定其内涵，来方便人们进行传播，这也就是西方声音语言确定性和抽象性的由来。正相反，形象语言所关注的是"形"，对于具体的内涵并不是十分关注和重视，这也就导致了它在具体内涵的准确性上是缺乏的，而意象性和象征性反而成了其主要特征，这和中国艺术中的"写意"概念是相类似的。所以，这种语言形式的运用就很容易导致人们在理解词汇或句子的涵义时出现误解或误读的现象，概念意义也就变得更加模糊化和多样化，人们的想象空间得到了拓展。

综上所述，中国的会意语言就是将其中的"神蕴"传递出来，在理解和领会的过程中，可以给人们留下思考的空间和会意的感悟以及体会。

二、西方语言表音的"确意语言"

这里所说的"确意语言"是针对中国的"会意语言"来说的。西方语言的确意性主要体现在西方人在对概念确定性的追求上，而这种确定性是以西方的哲学思维为导向最终确立的，因此，我们这里将西方语言称为确意语言。

（一）语言形式上的"确意"

从表音文字的语言形式上来看，人类的语言都是从象形文字这一共通点出发的，但是由于社会、历史和文化的不同因素的影响，它们就逐渐分化成了不同的语言形式，从中国的后续文字形式上来看，其实仍然是保留一定的象征性的。但是，欧洲的文字体系发展就截然不同了，个体的字母逐渐演变成多音节的拼音文字，也就是现在的表音文字体系。表音文字体系产生的目的就是将词中的声音描摹出来，将其中的音节或字母作为最小的组成单位和构成基础（不能再缩减的单位）。这种文字系统就是在不断描摹语音形式，用字母或词汇将其汇成语言传达给人们，侧重的就是听觉符号系统，注重的就是时间层面的拓展。表音文字的"形合"就是通过字母与单词连接组成句子，再根据具体情况转变词性以适应句子成分要求来完成的。而汉语言文字就是根据词汇排列的顺序和在句子中所发挥的作用而决定的，具体的涵义就要通过"意会"了。表音文字在词汇、句子和语篇中的要求是十分高的，力图在准确性和确定性上达到近乎"完美"的程度。我们可以以英语为例，一般的英语句子就是以主谓结构为主干，以谓语为句子的中心，同时通过大量的介词、连词、关系代词等来表现不同的语言形式，最终将完整的句子呈现在大家的面前。英语句子所强调的就是语法规则和语言形式，西方人对它们是十分严谨的，这就和汉语中只注重语义的方式方法是完全不同的，这体现的就是一种"确意"的指引。

(二)结构上的"确意"

从表音文字的结构上来看,汉语言文字就是一种图画式的文字,并且一个语言符号就只表现一个字,这时的语言符号已经与整个词和它的意义之间建立了关系,其实与词的声音是无关的,所以它就是表意的。众所周知,汉语是以单音节字符为单位的一种语言形式,由上文所述,它的词框结构是通过词音框架层(音节)与编码基础层(音节)的重合来实现的,因此,汉语言的字符是能够达到语义层面的。但是这样的话,表音文字或者是拼音文字的词框就会变得十分复杂,最终的表音文字词框是有由音素(编码基础层)构成音节(中间环节),再由多个音节构成多音节组合(词音框架层)而形成的。从英语的角度来说,英语词汇是多音节词汇,其语音框架并不是建立在多音节组合上,整个语音框架层与汉语相比要更为高级。与此同时,英语的词音框架的音节数是无法确定的,每个音节中的音素数也是不确定的,因而,英语的词音框架编码设置和排列必须是以音素为基础来进行的,也就是说,从编码基础层而言其等级其实是比汉语低的。总而言之,英语语言系统的词框结构就是三级的编码结构,从下至上分别为音素层、音节层和(由多音节组合而成的)词音框架层。要想真正理解词汇的语义就需要将其上升到词音框架层的层面才能实现,这也在一定程度上说明了表音文字或拼音文字的结构特征,即词音框架层与编码框架层从本质上来说是分离的。由此可知,拼音文字中的字母所表现的语言层面仅仅局限在语音层,所以说,字母所能表现的语言含蕴是十分有限而抽象的。拼音文字之所以能够准确地表达文字的抽象涵义,就是因为音节组合、词框搭建和语法制约等关系的存在。正是因为这样,西方的表音文字被称为是"确意语言"。

(三)词义与语法形式上的"确意"

从表音文字的语法形式和语义上来看,中西方的语言文化差异还是十分巨大的。例如,"to be"或"Sein"在西方的语言体系中是十分常见的,可以反映出西方哲学语言思维中最基本和重要的概念。一般而言,"to be"或"Sein"也被称为系词,是印欧的语言体系中最为基本的,含有它们的句子可以说是非常基本的。我们如果在英文句子中看到这类系词,它所表现的就是系词的涵义,但是翻译出来的却是"存在"或"有",这就是十分不恰当的,这是因为在汉语中是不存在系词的涵义的。在我们看到"to be"或"Sein"时，就可以将其理解为"存在"的意思，但是具体在什么样的情境下可以这样应用，还需要进一步的研究和探讨。事实上，在西方有不少学者将古希腊文中"einai"在一些语境中也理解为"存在"，有时甚至就是这样直接翻译出来的。但如果仅仅是这样直接翻译，在某些情况下其实是不可行的，我们更应该将重点放在系词的本身涵义上，否则这种只翻译成"是"的翻译方式是无法解释给后人的。"to be"或"Sein"的系词作用是根据具体的语境和语言的句法形式来判定的，这与一些西方的语言学家所提出的论断是相似的，而"存在"或"有"就不是在不同的语境下判定出来的，而是需要靠人为去重新理解和解释的。因此，"存在"和"是"并不是同义词。总而言之，我们要想将这一概念理解透彻，就需要从西方的文化背景，也就是西方哲学语言和哲学本身出发来进行理解。从巴门尼德开始，人们就注意到了"是"的概念，并开始对其进行研究，随之后期亚里士多德的形式逻辑创建之后，哲学家们就将这种逻辑分析的方式也放进了讨论的方式方法中，并乐此不疲。在西方的哲学语言中，要想更加"确意"地表达一个概念，就需要从表音文字的语言形式和逻辑思维出发去理解。由此可知，西方的哲学语言其实是具有一定的穿透力的，也和拼音文字的频繁使用不无关系。

第二节 中西方文化差异

一、物质文化差异

（一）服饰文化差异

服饰不仅仅是一种物质文明，还是一个民族的精神面貌、审美情趣、宗教信仰以及文化素养的综合体现。中西方的服饰文化经过长年的积淀，已形成了各自的体系与风格。

材料、款式、颜色是服饰文化的三大元素。此外，图案的选择以及服饰观念等也是服饰文化的重要组成部分。

1. 服饰材料的差异

（1）西方的服饰材料

亚麻布是西方服饰的主要材料，其主要有以下三个方面的原因。

①西方国家的地理环境适合亚麻的生长，很多国家都盛产亚麻。

②亚麻布易于提取，既有凹凸美感又结实耐用，非常适合于日常的生活劳作。

③西方国家提倡个人奋斗，多劳多得，亚麻布直接体现了这种实用主义价值观。

（2）中国的服饰材料

中国的服饰材料较为丰富，包括麻、丝、棉等。其中，丝是最具中国特色的服饰材料。

中国早在5000年前就开始养蚕、巢丝、织丝，是世界上当之无愧的丝绸之国。更具体地说，丝是一种总称，根据织法、纹理的差异，丝还可以细分为素、缟、绫、纨、绮、锦、纱、绸、罗、绢、缎等，可见中国的制丝工艺已发展到相当高的水平，充分体现出中国人民的智慧。

丝绸质地细腻柔软，可用于多种类型的服装如披风、头巾、水袖等。此外，丝绸具有一种飘逸的美感，穿在身上时可通过人的肢体动作展现出一幅流动的画面，具有独特的动人效果。

2. 服饰款式的差异

（1）西方的服饰款式

西方人身材高大挺拔，脸部轮廓明显，因此西方服饰强调服饰的横向感觉，常常通过重叠的花边、庞大的裙撑、膨胀的袖型以及横向扩张的肩部轮廓等来呈现一种向外放射的效果。

此外，西方人大都具有热情奔放的性格，且追求个人奋斗，喜欢展示自己的个性，因此在服装款式的设计上也往往较为夸张，例如，牛仔裤这一最具有代表性的服饰就充分体现出西方人敢于我行我素的性格特征。此外，牛仔裤以靛蓝色粗斜纹布为原料，不仅简单实用，还具有广泛的适应性，男女老少都可以穿，这也体现出西方国家"人人平等"的观念。

（2）中国的服饰款式

与西方人相比，中国人身材相对矮小。因此，为弥补身材上的缺陷，中国服饰常采用修长的设计来制造比例上的视觉。具体来说，筒形的袍裙、过手的长袖以及下垂的线条等都是常用的手法。从魏晋时男子宽大的袍衫、妇女的褥衣长裙，到中唐时期的曳地长裙，再到清代肥大的袖口与下摆，无不体现出中国传统服饰的雍容华贵。

此外，中国人的脸部线条较为柔和，为与之相称，中国服饰的款式常以"平""顺"为特色。

3.服饰颜色的差异

（1）西方的服饰颜色

颜色可以从一定程度上反映一个民族潜在的性格特征。在罗马时期，西方国家的服饰偏爱以下两种颜色。

①白色。白色代表着神圣、纯洁，具有一种独特的魅力，因此新娘的婚纱是白色的。

②紫色。紫色代表着财富与高贵，红紫色有年轻感，青紫色有优雅的女性感，此外，紫色还代表至高无上和来自圣灵的力量，具有浓厚的宗教气氛。由于主教常穿紫色，因此紫色被定为主教色。

自文艺复兴以来，人们的思想得到了解放，人们也开始追求起自己的物质和精神生活了，服饰的奢华程度也随之提升，那时的人们对于明亮的色彩尤其喜爱。具体而言，当时的法国人就对于丁香色、蔷薇色和白色以及天蓝色等颜色十分青睐；而西班牙人则喜爱热情的玫瑰红和灰色调；英国人则将黑色视为神秘、高贵的象征。到了现代，人们打破了等级、地位、阶层的限制，开始根据自己的喜好来自主决定服饰颜色，并使颜色成为展示个性的重要工具。

（2）中国的服饰颜色

中国服饰的色彩具有强烈的时代性与等级性。

①时代性。自上古时代起，人们就认为黑色是一种十分神秘而高尚的颜色，在他们眼中，黑色是天帝的颜色，可以支配万物，也正是因为这样，夏、商、周时期的天子冕服就是采用黑色为主色调而制成的。到了后来，封建集权在人们心中的地位逐渐上升，甚至超过了天帝的地位，他们对于黑色的崇拜也就随之淡化，进而转向黄色，这是大地的颜色，"以黄为贵"的理念最初就是这样产生的。

②等级性。阴阳五行学说也对中国的服饰色彩产生了重要影响。具体来说，

阴阳五行学说将青、赤、黑、白、黄这五种颜色定为正色，绀、红、縹、紫、流黄为间色。

4.服饰图案的差异

（1）西方的服饰图案

随着历史时期的变化，西方国家的服饰图案也发生相应的变化。

①文艺复兴之前，西方服饰比较偏爱花草图案。

②文艺复兴时期，花卉图案较为流行。

③法国路易十五统治时期，洛可可装饰风格在当时的法国十分风靡，因而S形或旋涡形的藤草以及轻柔的庭院花草就成了当时的主要服饰图案纹样。

④近代以来，野兽派的杜飞花样、利用几何透视原理设计的欧普图案、以星系或宇宙为主题的迪斯科花样和用计算机设计的电子图案较为流行。

（2）中国的服饰图案

中国服饰，无论是民间印花布还是高贵绸缎，都喜欢利用丰富多彩的图案来表达吉祥如意的内涵。例如，人们利用喜鹊登梅、鹤鹿同春、凤穿牡丹等图案来表达对美好生活的向往；"龙凤呈祥""龙飞凤舞""九龙戏珠"等图案就是中国人对于龙的崇拜最好的例子，也体现出了中国人是有身为"龙的传人"的自豪的，这其中也同时隐喻了图腾崇拜。

5.服饰观念的差异

西方崇尚人体美，中国讲究仪表美，这可以说是英汉在服饰观念上最根本的区别。一方面，西方文化深受古希腊、古罗马时期雕塑、绘画等造型艺术的影响；另一方面，地中海沿岸气候温暖，人们不必紧裹身体，凉爽、适体、线条流畅成为服饰的第一要义。因此，西方服饰观念认为，服饰应为人体服务，应充分展示人体美。具体来说，服饰应将男子的刚劲雄健与女子的温柔纤细充分展示出来。

中国是礼仪之邦，传统礼教影响巨大。因此，中国人认为服饰就是一块用来遮蔽身体的"精神的布"，服饰的作用在于体现礼仪观念以及区分穿着者的权力和地位。近些年来，随着改革开放政策的不断完善与发展，人们的思想观念有所转变，表现在日常生活中，就是穿着观念的变化，但是传统的着装和礼仪服饰的相关观念仍然在人们心中占据着一定的地位。

（二）饮食文化差异

由于地理环境、自然气候、风俗习惯等方面的差异，每个国家在饮食方面都各有自己的特点。此外，受宗教信仰、历史条件等因素的影响，饮食行为还在不断的发展变化中演化出丰富多彩的饮食文化。

纵观西方国家的发展历史，西方人大都以渔猎、养殖为主业，而采集、种植等只能算是一种补充。因此，西方的饮食对象多以肉食为主。进入工业社会后，食品的加工更加快捷，发达的快餐食品和食品工业都成为西方人的骄傲。总体来说，受游牧民族、航海民族的文化血统的影响，西方人的食物品种较为简单，工业食品也往往千篇一律，但这些食品制作简单、节省时间，营养搭配也较为合理。

1. 菜类的差异

作为一个农业大国，中国的饮食对象毫无疑问主要来自农业生产，概括来说包括以下几个种类。

（1）主食类。中国的传统主食有明显的地域特色，即北方以面条和馒头为主食，而南方则以米饭为主食。此外，马铃薯、山药、芋头等薯类作物由于淀粉含量高，在一些地方也被当作主食。

（2）辅食类。中国深受佛教的影响。由于佛教将植物视为"无灵"，因此蔬菜成为中国的主要辅食。据统计，中国人吃的菜蔬有600多种，是西方人的若干倍。

（3）肉食类。在古代，中国人是很少吃肉的。《孟子·梁惠王上》曾有这样的记载，"鸡豚狗彘之畜，无失其时，七十者可以食肉矣"。值得注意的是，随着生活水平的提高，肉食也逐渐走上百姓的餐桌。

2. 烹调方式的差异

西方国家对食材的分类较为简单，常将各种可能的食材混合在一起进行烹调。因此，西方的烹调方式也相对单一，主要包括炸、烤、煎等几种。不难看出，这种烹调方式虽然可以对营养进行合理搭配，但其制作过程却缺少一些文化气息或艺术氛围。值得一提的是，西方国家非常注重营养，尤其是青少年的营养供给，因此很多中小学校都配备了专业的营养师。

中国是饮食大国，中华民族的饮食文化可谓博大精深、源远流长，技术高超、品种丰富是中国烹调方式的主要特点。具体来说，对食材不仅会依据冷热、生熟、产地等进行分类,加工方法也异常丰富,如炒、煎、炸、烹、蒸、烧、煮、爆、煨、炖、熏、焖、烤、烘、白灼等。此外,中国地大物博,中国人常常就地取材,并根据地域特色来变换加工方式,从而形成了八大菜系,即浙菜、鲁菜、川菜、湘菜、粤菜、苏菜、徽菜、闽菜,充分体现出中国人的聪明与智慧。

3. 饮食观念的差异

根据基督教的教义,人应尊重灵魂,保持理智,因此应抑制肉体的欲望。受此影响,西方人普遍认为,饮食不是满足口腹之欲的工具,而应成为获取营养的手段。所以,西方人大都持有理性饮食观念,以保证营养的摄取为根本原则,更多考虑各种营养素,如碳水化合物、蛋白质、维生素、脂肪等是否搭配合理,卡路里的摄取量是否合适等。如果烹调会使营养损失,他们宁可食用半生不熟甚至未经任何加工的食物。

与西方人不同,中国人多持一种美性饮食观念,不太关注食物中的营养而是更加注重其口感、观感与艺术性,即追求菜肴的"色、香、味、形、器"。此外,中国人将阴阳五行学说也运用到菜肴的烹调上,使各种食材与各种味道互相渗透,从而达到"五味调和百味香"的境界。可见,"民以食为天,食以味为先"的观念在中国已经深入人心。但是,从客观上来看,不注意营养而过度追求味觉的观点有其片面性。

(三)居住文化的差异

居住文化以民间建筑为主要研究对象。民间建筑既包括用来满足基本生活需要的民居,也包括仓库、地窖、为牲畜建造的房屋等附属建筑物。民间建筑是人们生产方式与民族文化观念的集中体现。

1. 西方的居住文化

在西方历史上出现过众多民族,而各个民族都有自己的建筑风格,这就使西方的居住文化呈现出多元性特征。下面就以英国民居和美国民居为例来介绍西方的居住文化。

(1)英国民居

英国人将房屋视为绝对的"个人天地"(privacy),因此通常喜欢曲径通幽、孑然独立、远离闹市的房屋，邻里之间也常通过篱笆、绿树等来保护各自的私人生活。

20世纪60年代，各地政府为解决住房问题而建造了大批高层公寓。但是，这些公寓因私密性太差而少有人问津。70年代新盖的房屋虽交通便利但又矮又小，因此有一定经济能力的人往往都会在郊区购买一所独立或半独立的小楼，以便周末时可以享受幽静的田园生活。

就目前的情况来看，英国人通常会选择独门独户或带阳台的平房，主要包括三种类型。

①独立式，即配有院子、花园和车库，独立居住，环境幽静。

②半独立式，即两所房子并肩而立，且每所房子各住一家，围栏或矮墙使两户人家互不干扰。

③排房式，即每两所房屋共用一堵墙，中间没有夹道或院落，也没有花园与车库，价格低廉但私密性差。

（2）美国民居

概括来说，美国民居主要包括以下三种。

①别墅。别墅分为独立式住宅、合并公宅和公宅，通常配有游泳池与网球场，条件优越，通常位于郊区，适合有经济基础的人居住。

②活动房。活动房多采用木板或铁皮制成，外观漂亮，设施齐全，可安装在汽车上自由活动，符合美国人追逐自由的个性。

③公寓。公寓内配备了一应俱全的基本设施。尽管是数十户甚至上百户共同居住在一个建筑物内，但每一户的生活空间都很独立。公寓通常建在城市里，因租金低廉而适合收入微薄的人或靠养老金生活的老人居住。

2. 中国的居住文化

中国幅员辽阔，自然环境千差万别，各地都形成了独具特色的居住文化。概括来说，中国的民间建筑主要包括以下几种类型。

（1）上栋下宇式

上栋下宇式民居巧妙利用地面空间建筑居室，具有夯实的地基，以土、木、石等为主要原料，做工精细。这种民居体现着封建的等级秩序，与我国宗法制的家庭结构相适应，是中国民居的典型代表。值得一提的是，上栋下宇式民居虽在全国范围内普遍存在，但具体的建筑形式往往因地域不同而各有特色，如南方客家围楼为环形住宅，而北京的四合院就属于庭院住宅。

（2）洞穴居

洞穴居往往利用天然洞穴或对天然洞穴稍作加工，是人类历史上最悠久的居住方式。生产力的提高使洞穴居从对天然洞穴的利用发展到开凿人工洞穴，即利用地形、地势、地物等天然条件建造而成的固定的生活空间。今天，在黄土高原仍普遍存在的窑洞就是典型的洞穴居。

（3）帐篷式

帐篷因容易拆卸而成为许多游牧民族的主要居住方式，在当今社会也是登山、旅游、勘探者的理想住所。帐篷种类繁多，既有临时性的，也有长期性的，既有圆拱形、圆锥形、方形等规则外形的，也有其他一些不规则外形的。帐篷的制作材料也非常丰富，包括布匹、羊毛、桦树皮、兽皮等。如今，西藏、青海、甘肃等地的藏族，西北地区的哈萨克族以及东北地区的鄂温克族、达斡尔族、蒙古族仍以帐篷为主要的居住方式。

（4）干栏式建筑

干栏式建筑首先以竹柱或木柱做成一个与地面有一定距离的底架，然后再以底架为基础来建造住宅，是云南、贵州、广西、海南、台湾等地常见的建筑。一些建筑的地面之间的空隙不仅利于通风，还可防潮、防兽。此外，干栏式建筑一般分为上下两层，楼下用来养牲畜或堆放杂物，楼上住人，这也与当地的生产生活方式相吻合。

二、社会文化差异

（一）色彩文化上的差异

英汉色彩文化具有一些共性，但更多的是差异。这里主要从英汉色彩词的构成、基本色彩词的特点以及文化内涵等方面进行对比分析。

1. 英汉色彩词的构成对比

（1）英语色彩词的构成

英语中的色彩词主要包括两大类：简单色彩词与合成色彩词。

英语中常见的简单色彩词主要包括如下几种。

①基本色彩词，如 white，black，red，yellow，blue，green，purple，pink，gray，orange。

②源于动物、植物的色彩词，如 peacock（孔雀）可以用来表示孔雀蓝，深蓝；dove（鸽子）可以用来表示鸽灰、浅灰。

③源于植物的色彩词，如 lemon（柠檬）可以用来指柠檬色、浅黄色；olive（橄榄），可以用来表示橄榄色、黄绿色。

④源于矿物的色彩词，如 lead（铅）可以用来表示铅灰、青灰色；copper（铜）可以用来表示铜色、深橙色。

⑤源于珠宝的色彩词，如 ruby（红宝石）可以用来表示宝石红色、深红色；emerald（绿宝石）可以用来表示翡翠绿、鲜绿。

⑥源于食物的色彩词，如 chocolate（巧克力）可以用来表示巧克力色、赭色；butter（黄油）可以用来表示淡黄色。

⑦源于自然现象的色彩词，如 sunset（日落）可以用来表示晚霞色、红色；flame（火焰）可以用来表示火红、鲜红。

英语中还有很多色彩词是合成构成的。合成色彩词的构成方式主要有以下情况。

①由动植物名、地名、人名等加上基本色彩词构成的色彩词。例如：lobster red 龙虾红；olive gray 橄榄灰；Argyle purple 阿盖尔紫；Berlin white 柏林白。

②由形容词加上基本色彩词、化学物质名、植物色彩词等构成的色彩词。例如：tender green 嫩绿；deep cobalt 深蓝色；light chestnut 浅栗色。

③由基本色彩词加上基本色彩词、形容词、名词等构成的色彩词。例如：yellow green 黄绿色；red wood 红棕色。

（2）汉语色彩词的构成

在汉语中，色彩词主要包括独立构成的色彩词与由词根色彩词加上修饰成分而构成的复合色彩词两类。

①独立构成的色彩词。这类词语的前面是可以添加定语的，这样就变成完全不同的另外一个色彩词，也被称之为词根色彩词，而我们常说的基本色彩词就是词根色彩词的组成部分之一。

②由词根色彩词加上修饰成分而构成的复合色彩词。其实在汉语的语言体系中，很多色彩词的词根都是基本色彩词，并且组合构成以其为核心的复合色彩词。

2. 英汉基本色彩词的特点对比

（1）英语基本色彩词的特点

英语中的基本色彩词体现出以下两个特点。

①在句子中，基本色彩词可以通过不同的词性呈现出来。

②基本色彩词可以借助语言辅助手段来使表达需求得以满足。

英语中的基本色彩词很多都具有名词与形容词的词性，还有一些色彩词具有动词与副词的词性。英语中的基本色彩词虽然数量比较少，但是表现力非常强，使用率高。

（2）汉语基本色彩词的特点

汉语基本色彩词的特点主要有以下几个方面。

①基本色彩词具有多词性的特点，可以兼作名词、形容词、动词。

②基本色彩词除了可以单独使用之外，还可以和"色"字组合为一个复合词，用以描述颜色，如可以说蓝的，也可以说蓝色的。

③基本色彩词是可以通过叠加的方式来形成新的色彩词的，如黑绿色和紫红色都是这样形成的。

④基本色彩词可以最终形成语言的 ABB 形式，如白花花、黑洞洞、亮晶晶等都属于这类词语，是可以用来形容色彩的。

⑤基本色彩词具有"A 不 XY（X）"非重叠式的生动形式，其通常在含有贬义的表达中使用，如红不棱登、白不刺拉。

3. 英汉色彩词的文化内涵对比

英汉两种语言中都拥有丰富的色彩词，这里主要对英汉一些常见色彩词的文化内涵进行对比。以白色 white 为例。

（1）英语中的 white

在英语文化中，白色象征着纯洁、真实、善意。

英语中的 white 的引申义通常表示清白、正直等。例如：a white man（忠实可靠的人）；a white spirit（正直的精神）；white light（公正无私的裁判）。

英语中的 white 还象征着快乐、欢悦和吉利。例如，a white day（吉日）；a

white Christmas（欢快的圣诞节）。

其中，圣诞节是西方国家最重要的节日，西方人喜欢滑雪、滑冰等户外运动，而圣诞节正是冬季滑雪的最好时候，因此西方人将圣诞节称为 white Christmas。

此外，在英语中，white 还象征着幸运、善意。例如：

a white day 吉日

days marked with a white stone 幸福的日子。

值得提及的一点是，随着跨文化交际日益频繁，英汉两种文化也在不断地相互渗透，在汉语中，白色的象征意义也发生了些许改变，也可以被理解为纯洁与忠贞，因此现在中国人在举行婚礼时，新娘也会穿白色婚纱。

（2）汉语中的白色

在中国文化中，白色这一颜色的文化涵义相差较大，甚至互为矛盾。在中国传统文化中，白色常常与死亡、丧事联系在一起。汉语中的常用表达"红白喜事"中的"白"指的就是丧事，在普通百姓家中，有人去世时，其后人会穿白衣为其送终，表示哀悼。

白色在中国文化中还代表圣洁、坦诚、清楚、白昼，如真相大白、清白、白天等。1906 年，以孙中山为首的同盟会将旗帜定为红、蓝、白三色横条。其中，白色就象征着圣洁和博爱。

同时，在汉语中，白色也有负面的涵义。白色可以用来表示反动、奸诈、凶残等涵义。汉语中诸如一穷二白、白色政权、白色恐怖、白区都指的是这层意思。在中国传统戏剧的舞台上，白脸人物则代表了奸诈的形象。

汉语中的白色还可以表示愚蠢、失败、无利可得。例如，"白痴"指智力低下的人，"举白旗"表示投降，"白忙""白费力""白干"指出力而得不到好处或没有效果。

除此之外，白色其实在中国的传统文化内涵中是象征着知识浅薄、粗鄙不堪的人。就像我们在古代俗语中，常常把没有知识的平民百姓称之为是"白丁"或"白衣"，而将那些体弱多病、阅历浅薄的文人称之为是"白面书生"。

汉语中的白色不仅具有褒义和贬义涵义，还有中性意义，表示"明白、清楚"。例如，"不白之冤"是指难以洗雪、无法破解的冤情；"大白于天下"意为找到事实真相，并公之于众。

（二）数字文化上的差异

1. 吉利数字的差异

其实西方文化最初是源于古希腊文化的，并且当时的主流宗教是基督教，对于当时的人们的心理影响还是十分巨大的，由此可知，数字文化的形成与发展在一定程度上离不开基督教的影响。例如，数字7就和《圣经》的关系十分密切，这个数字也深深受到当时西方人的喜爱，这在当时被认为是一个十分神秘而又神圣的数字。例如，"七大圣礼""七大美德""七宗罪"等都是充分体现数字7内涵的有力证据。例如，《圣经》中有关数字7的记录大致如下。

（1）上帝在7天内就创造了世界，一周也是7天。

（2）在7天的复活周中，耶稣就是在第一天复活的。

（3）亚当的第7代孙以诺就是第一个升入天堂的人。

（4）天上的神赠与了亚伯拉罕7种福气。

（5）天上的神赠与了以色列7种神气。

（6）基督教的教徒们在做祷告时有7求。

（7）天上的神曾经在《圣经》里对7个人呼叫了两声。

（8）十字架上就刻有临终七言。

在中国对于"三"这个数字的应用频率也是十分高的，与众多重要的思想观念都有联系。例如，从古至今在中国人的思想观念里，"三代同堂"就是家庭最大的幸福；在传统文化中，"三"也是占据着十分重要的地位的，如在礼仪礼节方面，我们常常就会说"礼让三分""礼以三为成"等俗语，其中"礼以三为成"在现在我们的日常生活中也是常常听到的，在古代的帝王文化中，我们对"三跪九叩""三呼万岁"这些词语肯定不陌生，在宴席上也要"酒过三巡"方能开始谈事。由此可以看出，"三"这个数字在我国古代还是一个代表吉利的数字，中国人对于"三"的喜爱可见一斑，如举一反三、三羊开泰、三思而后行、三生有幸等，这些都是我们现在还常常使用的成语。

2. 禁忌语的差异

在中国的文化中，"四"是一个非常不吉利的数字，这是众所周知的，这是因为在汉语发音中，"四"与"死"同音。随着时代的发展，这个习俗也就流传下来了，久而久之，数字"四"就成了一个禁忌。例如，在安装车牌号码或者在选择房屋的楼层时，都会尽量避免出现这个数字；在医院也是不存在四号病房的，甚至在一些较为讲究的旅馆中，也是没有四号房的。

但是数字"13（thirteen）"在一些欧美国家就被视为凶兆，对其非常小心谨慎，尽量避免其出现。甚至有些西方人对于13的恐惧已经达到了一种非常夸张、可怕的地步，要归根究底，可能还是要追溯到《圣经》中。例如，在一些圣经故事中，13号是耶稣殉难的日子，而亚当也是在13号偷吃了禁果，不仅如此，背叛耶稣的门徒犹大就是排名13。因此，西方人尤其是信奉基督教的教徒们对数字13唯恐避之不及。例如，西方国家的楼层是不允许有13楼的，在宴席上也不会有13人同桌的情况发生，门牌号也会尽量避开13这个数字。而如果一个月的13号是星期五的话，人们就会非常恐慌，尽量取消安排在这一天的活动，甚至不敢去上班，他们认为在这一天会发生不好的事情。

（三）伦理道德上的差异

中西文化中的伦理道德观念差异主要体现在长幼尊卑的观念上。由于中国长期受儒家"长幼尊卑"观念的熏陶，各种亲属和社会关系都有着严格的界定与区分，而西方国家对此却没有太多要求。英汉亲属关系的差异主要体现在五大方面，包括行辈差异、同辈长幼差异、父系母系差异、血亲姻亲差异、直系旁系差异。

中西伦理道德除了涉及亲属关系的问题，还与社会关系有关。

下面就对中西社会的观念进行对比。中西社会观念差异具体体现在如下几个方面。

（1）西方人的求变心态与中国人的求稳心态。西方人更倾向于求变心态。他们认为，事物始终是变化发展的。这里的变化主要表现为：不断打破常规，不断创新的精神。因此，西方人向来不满足于已取得的成就，也不执著于传统的秩序，更不甘愿接受各种条件上的限制。西方人对于人的改变和成长是十分看重的，他们认为只有改变才能带来进步，没有进步创新，成就也就无从谈起，也就没有了未来。因此，整个西方社会都充满了打破常规、不断创新的精神。

中国人普遍存在求稳心态，这是因为群体与个体相比，"变"和"不变"受到限制，中国人不会轻易改变心态。受儒家中庸哲学思想的影响，中国人已经非常习惯在一派和气的环境中"相安无事""知足常乐"了，这些深深扎根于中国人的心中，而中国社会长期受这些价值观的影响而取得了长足的进步，大家（国家）与小家（家庭）都基本达到了和谐稳定。

（2）西方人的个人取向与中国人的群体取向。在西方，个人取向特别明显。西方的个人取向价值观可以追溯到15世纪的文艺复兴时期，而个人主义是起源于英国哲学家洛克为代表的西方哲学，洛克认为，"生物的个体是自然的基本单位"。[①] 众多西方的哲学家们也在当时非常坚定地提出了这样一种观点，社会制度的产生其实是源于个体之间的交往中的，而这种交往往往是为了自己的个人利益而开始的，这一观点对于后来美国社会的发展产生了相当大的影响。

在西方人看来，个人主义还体现在追求个性、差异上，人们的行为、言论、思想都要力争与众不同。差别化在西方人的思想观念中总是会受到赞扬的，他们认为当人类都具有了一致化的特征后就会丧失自己的人格，由此可知，西方人在大多数情况下都喜欢独辟蹊径，他们对于自己的个人享受是更加看重的，不会刻意抑制自己个性的发展，但简单的物质享受是无法满足他们的，他们对于自己精神世界的满足也是尤为看重的。

西方人追求个性从英语合成词中就可以看出，如以self（自我）为前缀的合成词有self-abased/contempt（自卑的），self-abnegation/denial（自我牺牲），self-affected/conceit（自负的，顾影自怜的），self-assured（自信的），self-collected/possessed（镇定的，自制的），self-concern（自私自利），self-defeating（弄巧成拙的），self-reproach（自责）等。

当然，西方人的个人主义也存在一些缺陷，如淡漠亲情，过分强调自我利益、我行我素、以自我为中心等。

中国是一个典型注重群体的国家。在处理个人与集体或环境的关系时，中国人都会秉承一样的方式：个人利益服从集体利益；个人利益必须与集体利益、国家利益一致。因此，集体主义观的本质就是在发展中寻求统一，并且在这个过程中树立起国人们对于国家、家庭和社会的责任感和使命感，自觉负担起各种责任。例如，中国人所提倡的就是"家事、国事、天下事，事事关心"，像"两耳不闻窗外事，一心只读圣贤书"这种行为是会受到鄙视的。

同样，中国人的群体意识也有一定的弊端，如人们缺乏个人进取精神，缺乏

[①] [英]史密斯.文化理论[M].北京：商务印书馆，2008.

个人竞争意识，过于循规蹈矩，所以很难在发明、创造上取得突出的成就。

基于以上差异，在翻译时就应该特别注意词语的内涵意义。例如，mass produced 不可以直译为"大量出人才"。这是因为英语中的 mass produced 一词反映的是西方人的价值观。西方教育注重对学生个性的培养，不主张整齐划一。因此，mass produced 一词带有贬义色彩。相反，中国的教育则特别强调共性，教育就像是批量生产的活动。因此，"大量出人才"在汉语中是一个褒义词。

（四）时间观念上的差异

1. 直线型与环型

（1）西方人的直线型时间观

西方人将时间看成是一条直线，认为时间是不断延伸的，永不复返的，所以在生活中总是向前看，注重未来的发展。例如，英国诗人弥尔顿（Milton）将时间比作"偷走青春的神秘窃贼"。马维尔（Marvell）则将时间比作"急驰而来的带翼飞车"。莎士比亚将时间描述为"（时间的）步伐轻快得令人眼花缭乱"。

（2）中国人的环型时间观

中国人的时间观是环型的，他们认为时间是冬去春来，周而复始的，所以中国人注重过去，喜欢回忆之前发生的事情。例如，陈子昂《登幽州台歌》中的绝句："前不见古人，后不见来者。念天地之悠悠，独怆然而涕下。"这首诗里的"前"指的就是过去，"后"指的是未来，这与西方的直线型时间观是完全相反的，翻译时要注意转化。

2. 单元与多元

美国文化人类学家爱德华·霍尔（Edward T. Hall）根据中西方不同的文化将时间习惯划分为两大类：单元与多元。

（1）西方人的单元时间观

西方人有着单元的时间观，他们认为时间像一条线，在单一时间内只能做单一的一件事。受单元时间观的影响，西方人做事总是严格地按照明确的时间表进行，并强调阶段性的结果。

（2）中国人的多元时间观

中国人有着多元的时间观，他们认为时间是由点构成的，认为可以在一段时间内同时做多件事情。因此，中国人做事时不会按照规定好的时间表，而是比较随意，只要在最终期限内完成所有任务即可，不看重阶段性结果。他们认为时间是一种无形的东西，不讲究做事的效率，而强调"以人为本"。汉语中有很多谚语与问候均反映了中国文化的时间观，例如，"慢走""慢工出细活"，这种表达就不可以直译为英语。因为如果将"慢走"直译为 ride slowly 或 walk slowly 将会传递给读者错误的信息。

三、生态文化差异

（一）动物文化差异

1. 相同动物词汇表示相似的文化内涵

尽管东西方文化之间是存在着巨大的鸿沟的，但并不是说这二者之间完全没有共通点。从动物文化的角度而言，有些词汇的文化内涵就是极为相似的。

（1）pig——猪

在中国传统文化中，猪是"馋""懒""笨"的象征，究其原因，主要是其肥胖的形象及其贪吃、贪睡的习性所致。而由此也衍生出了很多表达，这些词语大多是贬义的。例如，"懒得像猪""肥得像猪""笨得像猪""猪狗不如""猪朋狗友""泥猪瓦狗"等。

当然，猪在中国文化中也有憨厚、可爱的形象。例如，中国民间有"金猪"一说，很多存钱罐惯以猪的形象制作。在我国四大名著之一的《西游记》中，猪八戒虽然好吃懒做、贪图美色、自私自利，但仍不乏吃苦耐劳、憨厚率真的美好品质，受到很多观众的喜爱。而红极一时的电视剧《春光灿烂猪八戒》中也塑造了一个憨厚、可爱的猪八戒形象。

在中西方文化中，"猪"的文化内涵就是十分相似的，像贪婪、肮脏、恶劣行为等都是用来形容猪的。因此，"猪"在中西方文化中大多都是带有贬义色彩的。

（2）snake——蛇

①蛇在汉语文化中的内涵。在传统中国文化中，蛇是一种毁誉参半的形象。作为汉文化图腾崇拜——龙最初的原始形象，蛇无疑具有一种积极的涵义。在中国神话传说《白蛇传》中，蛇是一种极具同情心、敢于追求美好生活的动物生灵，

但是在传统的中国文化中，人们更倾向于把蛇与恶毒、邪恶、狡猾、猜疑等联系起来，如汉语中有"地头蛇""人心不足蛇吞象""毒如蛇蝎"等说法。此外，在汉文化中，蛇又是一种令人捉摸不定的物种，所以汉语中的蛇也是众多性情的代名词。

② snake 在英语文化中的内涵。根据《圣经（旧约）创世记》中的记载，蛇在撒旦的唆使下，诱惑人类始祖夏娃犯下了原罪。这是公元前5世纪左右的记载。《圣经》中的故事实际上反映了远古人类对蛇诡秘的行踪和剧毒的恐惧。因为毒蛇常置人于死地，于是蛇成为魔鬼与邪恶的象征，在英语中的涵义也多为负面的。

此外，蛇在英语中单独使用时还可以用来指阴险冷酷的人或叛逆不忠的人。可见，英语中的蛇有着与汉语中相近的涵义，但是汉语中的蛇更具有双面性的联想意义。

（3）fox——狐狸

在汉语文化中，狐狸通常象征着奸诈狡猾、生性多疑。例如，"狐假虎威""满腹狐疑""狐疑不决"。

在英语中，fox 也常常含有狡猾、诡计多端的涵义。例如：play the fox（行为狡猾）。

（4）peacock——孔雀

孔雀有十分美丽的外表，尤其是在开屏的时候，鲜艳夺目、五颜六色。正因如此，在中西方文化中，孔雀都有骄傲、炫耀、虚荣等涵义的。例如，as proud as a peacock（像孔雀那样骄傲）。不过，在汉语中孔雀还象征着吉祥、好运。

（5）ass——驴

在汉语中，驴通常用来形容人比较"笨、愚"，如有"笨驴"的说法。在英语中，an ass 也表示 a foolish person，即"傻瓜"。可见，ass 和驴的文化内涵基本是一致的。

2. 相同动物词汇表示不同的文化内涵

由于不同的地理环境、历史、宗教等因素的影响，相同的动物词汇在不同的民族中具有不同的文化内涵。

（1）dragon——龙

①龙在汉语文化中的内涵。我国在远古时期就有了龙的雏形——人面蛇身。这些人面蛇身像大多描绘的是女娲、伏羲等一干众神，后来就逐渐演化成了龙。

这反映了远古人类最原始的崇拜和敬畏。在远古人类的生活中，有太多的东西不被当时的人所理解，也有太多的东西使人们感到畏惧与无助。于是，法力无边、呼风唤雨的龙就出现了，并逐渐形成了龙图腾。这可以说是人类将自然具象化的结果。正是由于龙的上述特性，后来龙就用于象征帝王、皇权，成为权力和地位的象征，大约从秦始皇开始，就有把帝王称为"龙"的说法。汉朝以后，"龙"就被看作是"帝王"的象征了。而一些与"帝王"相关的事物都是带有"龙"字的，如"龙体""龙颜""龙袍""龙子龙孙"等就是这样的。再后来，龙就逐渐带有权威、力量、才华、吉祥等褒义性质。例如，"真龙天子""卧虎藏龙""蛟龙得水""龙吟虎啸""望子成龙""龙凤呈祥""乘龙快婿"等。

到了今天，"龙"甚至已经成了中国传统文化中不可或缺的一个经典象征，海内外的学子或华裔仍然将自己称为"龙的传人"，以拥有这个身份而自豪和骄傲。

② dragon 在英语文化中的内涵。英语词典里对 dragon 一词的定义有很多，但大多含贬义。例如，它是一种长有翅膀、有爪子的、喷火的类似鳄鱼或蛇的怪物（Ox ford Advanced Learner's Dictionary of Current English）；它是一种长着狮子的爪子、蛇的尾巴、模样像巨大的爬行动物的怪物（The American Heritage Dictionary）；它常常跟邪恶联系在一起（The New Columbia Encyclopedia）。

在西方，人们通常认为 dragon 是有翅膀、吐火焰的怪物。在一些描写圣徒和英雄的传说中讲到和龙这种怪物进行斗争的事迹时，也多以怪物被杀为结局。因为人们认为它是恶魔的化身，是一种狰狞、凶残的怪兽，应该被消灭，例如，《圣经》中说龙是被圣乔治用大梭镖捅死的，而在基督教美术中，龙也总是代表着邪恶。又如，在著名的英雄叙事史诗《贝奥武甫》（Beowulf）中，与贝奥武甫搏斗的就是一只会喷火的凶恶巨龙。即使在现代，英语中也经常用 dragon 来代指凶悍之人。例如，国外对凶恶的专门打人的警察就叫"龙"。总之，dragon 在西方是指一种没有"地位"的爬行动物，是西方人心目中凶恶而丑陋的象征。

可见，龙与 dragon 虽然都是神话中的动物，但它们在中西方文化中的内涵却相去甚远。随着近几年来中西文化交流的不断加强，西方人士对中国的传统文化了解日渐增多，知道中国的"龙"远非 dragon 可比。因此，一些人在翻译"龙"时用 Chinese dragon 以示与西方 dragon 的区别。

（2）dog——狗

西方人与中国人都有养狗的习惯，但是两者对狗的看法和态度截然不同。

①狗在汉语文化中的内涵。虽然从中国古代的文字记载来看，中国人自古就有养狗的习惯，但是在中国人传统的文化观念、民族情感上对于"狗"却并不是那么喜爱和亲近，这和西方国家的观念是不同的。这是因为，狗在汉语的语言系统中认为是一种卑微的动物，在我们常见的与狗有关的俗语或成语中，仔细观察就会发现，这些词语大多都是含贬义的，如"狗仗人势""偷鸡摸狗""狐朋狗友""狗嘴里吐不出象牙""狗尾续貂""狗眼看人低""丧家之犬""狗血喷头"等，它们基本都是含有贬义、辱骂性质的词语。

当然，随着我国人民生活水平的提高，人们在物质上得到了满足，开始有了精神需求，于是养狗的人数大大增加，给狗看病的医院也十分常见。现如今，狗也逐渐成为很多城市人生活中不可缺少的一部分。

② dog 在英语文化中的内涵。在西方人的眼中，dog 更被经常看作他们的爱宠，尤其是对于英国人而言，dog 是可以帮助人们打猎和看门的，也常常被当作是家庭成员来对待，因而西方人也常常将 dog 称作 she（她）或 he（他）。由此可见，与中国人不同的是，dog 在西方文化中是一种相当积极、正面的形象。正因如此，在英语中以"狗"作为喻体的词语多数含有褒义。西方人用 dog 指人时，其意思相当于 fellow，不仅没有贬义还略带褒义，使语气诙谐风趣。例如：a lucky dog 幸运儿。

英语中的 dog 一词除了含有褒义之外，还有中性的涵义，如 dog eat dog（残酷竞争）。当然，在英语中，也有少数与 dog 有关的习语表示贬义。

但总体而言，dog 在西方文化中褒义的成分居多。

由此可见，英汉语言中"狗"的文化内涵有很大区别，在翻译过程中要多加注意。

（3）cat——猫

①猫在汉语文化中的内涵。在汉语中，我们就常常说"猫捉老鼠"，在中国人的眼中，猫的本职工作就是捕捉老鼠，为人们守护住粮食的安全。因此，在中国的传统文化中猫的形象往往是温顺而可爱的，是带有一定褒义色彩的。例如，形容某人嘴馋会说"馋猫一只"；称小孩嘴馋为"小馋猫"或称某人懒为"大懒猫"

等。当然,汉语中也有一些对"猫"不大好的说法,如"猫哭耗子假慈悲"等。

总体来看,汉语中关于"猫"的负面联想比较少,与"猫"有关的词语也相对较少。这是因为,中国长期处于封建农业社会,城市发展时期很短,而猫作为一种城市化动物,在汉语词语中的活跃程度也自然较低。

② cat 在英语文化中的内涵。cat 在英语中是一个非常活跃的词,与它相关的说法很多。这在很大程度上是因为 cat 在西方是一种城市动物。在西方文化中,cat(猫)有着各种 pussycat,称呼小猫则用 kitty, kitten;用 land like a cat 表示安然脱离困境,带有褒义。而 cat 所含有的贬义也是显而易见的。例如,魔鬼撒旦常化身为黑猫游荡,女巫身边也有黑猫陪伴。美国人则认为,在走路时如果前面跑过一只猫,就是不吉祥的征兆。当然,cat 在英语中也有一些带有中性涵义的表达。

3. 不同动物词汇表示相同的文化内涵

(1) tiger, lion——老虎、狮子

我们常常将老虎称作是"百兽之王",因此,在中国的文化体系中,老虎的形象是高大威猛的,它往往身材健壮,坚决果断,是勇猛的象征。在民间,中国人也常常将老虎看作是可以驱邪安家、保佑安宁的神物,这是因为,在神话故事中,老虎往往是神仙和道人的坐骑,道教首领张天师就是乘坐老虎出行的。长久以往,老虎就成了英勇将士们的象征,在汉语中也就诞生了像"虎将""虎士"等这类词语。成语表达则有"猛虎下山""如虎添翼""虎踞龙盘""虎胆雄威""虎背熊腰""虎虎有生气""九牛二虎之力"等。不过,人们在尊虎为"百兽之王"的同时,也对虎的凶残毫不掩饰,如"虎穴""虎口""拦路虎""虎视眈眈"等词。

而在西方文化中,百兽之王是狮子而不是老虎,与汉语中"百兽之王"的内涵和象征是类似的,也是勇敢、威猛的象征。在西方,英国国王就因为英勇过人而被称之为是"the Lion-Heart",英国人也将"lion"看作是自己国家的象征。

由此可知,在实际的翻译活动中,就要对"lion"和有关"老虎"的词语翻译作相关调整。例如,虎将(brave general),虎威(powers of general),虎背熊腰(of strong build),as brave as a lion(勇猛如狮),great lion(名人,名流),lion-hearted(非常勇敢的),make a lion of(捧红某人)。

（2）bull——牛

古代中国是农耕社会，牛是农业生产劳动中最重要的畜力，这种密切的联系使人们常常把牛当作喻体来形容人的品质。因此，在中国文化中牛是勤劳、坚韧、任劳任怨的象征，汉语中有"牛劲""牛脾气""牛角尖""牛头不对马嘴"等词语。

而在西方文化中，牛主要是用来做祭祀的一种动物。在西方的许多宗教活动中，祭牛是一种主要的仪式，献祭的牛被看作是人间派往天国的使者；同时，在西方文化中，牛也是能忍受劳苦、任劳任怨的化身。例如，as patient as an ox（像牛一样具有耐力）。但是，由于英国气候湿润凉爽，不利农耕但适宜畜牧，所以牛的主要用途就是奶和肉。

正因如此，在西方国家牛没有得到像在中国一样的重视。相反，牛在中国所得到的厚爱在英国却主要落到了马的身上。这是因为在英国历史上人们打仗、运输和体育运动都离不开马，马也以其力量和速度受到西方国家人们的喜爱。因此，在中英互译时，汉语中的"牛"和英语中的"horse"所表达的意思是大致相同的。例如：牛饮 drink like a horse；吹牛 talk horse；力大如牛 as strong as a horse；饭量大如牛 eat like a horse。

（二）植物文化差异

在中国的传统文化中，自然界中绚丽多彩的植物就在古代的文人墨客中备受青睐，不仅如此，植物在汉语文化中也是具有十分丰富的历史和文化内涵的。而在西方国家中，他们受到的西方的古典神话和宗教的影响更为广泛，因此，他们对于植物的情感也是十分复杂而丰富的。但是，中西方在地理环境和社会历史文化传统等方面的差异较大，就导致了他们所赋予植物的定义和文化内涵也是具有一定差距的，但是都是主要通过对于植物的观察而引发联想，进而产生不同的民族审美趣味和特性。

1.象征意义相同

由于中西方的人脑结构和生理机制都是大致相同的，因而它们所形成的认知规律也并没有产生很大的不同，也就使得一些花草树木在中西方人的眼中没有很大的差异。例如，月桂是象征着胜利和荣耀，就产生了 win（gain）laurels 得到荣誉；rest on one's laurels 满足已有的成绩等一系列的词语。虽然在有些西方文化中所定义的植物内涵在中国是很少见的，但这些喻义大部分也是被中国人所接受的，如玫瑰象征爱情，橄榄枝象征和平，rose-colored 象征乐观和愉悦的情绪，以及玫瑰色的前程和眼镜等。

2. 象征意义不同

正是因为中西方文化在社会历史文化背景和观察角度是具有差异的，因而东西方国家对于一些相同的花木所联想到的情绪和情感也是不同的，主要可将这些情况分为以下三类。

（1）一种植物在一种文化中是具有象征意义的，但到了另一种文化中就失去了这种意义，没有其他特殊的涵义。例如，在中国的传统文化中，松、竹、梅、兰、菊等植物是具有相当丰富的植物文化内涵的，而西方人对于这些文化就抱着一种很疑惑和不解的态度。除此之外，汉语语言体系对于谐音的运用也是十分丰富的，如"杏"与"幸"同音，因而杏就是可以象征幸福的一种植物；而又因为"枫"与"封"同音，因而枫叶也是具有"受封"的涵义的。

而西方人则十分重视 rose，lily，tulip，palm，olive 等一系列植物，如在英文中 a heart of oak 被称作是刚强勇敢的人，in sb.'s palm days 被称作是在某人的全盛时期，yield the palm to sb. 则称作是向某人认输。但是中国受地理环境和气候条件的制约，使得中国人对于英美文化的了解程度并不是十分深入，它们中所具有的文化信息也是不被中国人所理解的。

（2）在中西文化中，对于相同的植物，不同的文化可能会赋予它们不同的文化内涵，可能是不对等的，也可能是部分重合或错位的。例如，"百合"在中西方文化中都是具有"纯洁"的涵义的，但是在西方文化中，lily 还象征着"美貌"，在英文中还有 lilies and roses 花容月貌，as fair as a lily 美如百合等这样的词组出现。

（3）而有些花木在中西方文化中的文化内涵则是完全不同，是没有任何关系的。例如，在汉语中"桃"是象征着长寿和具有一定知识学识的人的，像"桃李满天下"所表达的就是这样的涵义，而英文中的"peach"则指代的是漂亮的女孩子或者杰出的人或物。在中文中"垂柳"是表示依恋的一种植物，而在英文中"willow"则象征的是仁勇，就会有像"weeping willow"这样的词语出现。

（三）山水文化对比

中国的山水文化可以说是以"山水"为基调形成的一种文化积淀，也可以说是将"山水"作为了中国传统文化的呈现载体。在中国历史中,许多文人墨客寄情山水,创作了无数的诗篇。尤其是在唐代,山水诗的创作达到了一个高峰,诗人总是将人生的悲哀与忧愁寄寓于流水之中。例如,张若虚的《春江花月夜》:"不知江月待何人,但见长江送流水";李煜的《虞美人》:"问君能有几多愁,恰似一江春水向东流。"

此外,流水在唐诗中还常象征着时光逝去,如"君不见黄河之水天上来,奔流到海不复回""无边落木萧萧下,不尽长江滚滚来"等表达的都是这种意境。

在唐诗中,"山"的寓意并没有流水那样丰富,山多用来比喻至死不渝的忠贞爱情。例如,"枕前发尽千般愿,要休且待青山烂。水面上秤锤浮,直待黄河彻底枯"(唐无名氏《菩萨蛮》)就以青山石烂来比喻至死不渝的爱情。

可以看出,在汉语文化中,流水和青山蕴含丰富的文化意象,寄托了人们复杂、丰富的情感,能引起人们无限的联想。

而在英语文化中,"山水"只是客观存在的自然现象,并没有像汉语中有如此丰富的文化内涵。

四、人文文化的差异

(一)宗教文化的差异

在历史长河中,宗教对每一个国家和社会都有着重要的影响作用,其与社会的发展、国家的稳定密切相关。可以说,宗教文化的存在丰富着国家的语言和文化,在进行翻译的过程中,了解不同国家的宗教背景意义重大。

英汉由于民族、历史等因素的存在,形成了截然不同的宗教文化,下面对其进行对比探究。

1. 宗教概念对比

(1)西方宗教的概念

英语中的religion(宗教)一词,源于拉丁语religare。其中,re- 表示强调,ligare 是 to bind(捆绑)的意思,因此 religare 指的是 bind tightly(紧紧地结合在一起)。该词源很好地解释了 religion 的意义:用某种教义、教规及道德观念把教徒们束缚在一起。

（2）中国宗教的概念

在汉语文化中，关于宗教的概念有着不同的说法，下面简要介绍一些书籍中"宗教"的出处。

华鸣在《"宗教"一词如何定义》一文中认为，"宗教"一词是日语借用汉字"宗"和"教"二字而造的一个新词。宗教就是奉祀神祇、祖先之教。

《景德传灯录》十三《圭峰宗密禅师答史山人十问》之九曰："（佛）灭度后，委付迦叶，展转相承一人者，此亦盖论当为宗教主，如土无二王，非得度者唯尔数也。"这种说法认为"宗教"二字合并起来使用始于佛教术语。

《辞海》给出的"宗教"的涵义是："宗教，社会意识形态之一，相信并崇拜超自然的神灵。"

通过对上述定义的分析可以看出，虽然英汉语言中关于宗教的源出不同，但是二者都认为宗教是人对神灵的信仰，这点是英汉宗教文化中相通的地方。

2. 宗教神源对比

宗教是人类文明发展过程中智慧的结晶，是人类思想文化不可或缺的组成部分。宗教中民族性的特点较为突出，由不同民族的信仰、意识等组成。英汉民族之间由于文化背景的不同，形成了不同的宗教形式。在西方，各国普遍信仰基督教，而在中国，儒教、佛教、道教是其三大宗教。下面从神源方面对英汉宗教进行对比。

（1）西方宗教的神源

西方文化中的主要宗教是基督教，因此在很多西方人心中耶稣是他们的神。基督教的由来在很大程度上得益于对希伯来教的改造，因此在基督教中还保留了很多古希伯来的宗教因素。

上帝耶和华与人间女子玛利亚结合，诞下了耶稣，耶稣是上帝的使者，能够帮助人类进行思想上的救赎以及减少人类的原罪，上帝和普通人类之间的联系要通过耶稣。既然耶稣是耶和华的儿子，"他的身体中就有主的灵，这个灵的作用就是让耶稣获得智慧和才华，获得谋略和知识，并且一直敬畏耶和华"。耶和华是至高无上的神，是超越人类精神世界和物质世界的神，他存在于人类的历史之前，不能和人类混为一谈。他是所有存在的终极原因，并且是永恒不朽的。

在西方的文化中，神一般都是通过上帝赐予的，是超越于世俗和人事之上的，这种神的来源形式和中国有很大不同。

（2）中国宗教的神源

不同于西方上帝赐予的神，中国宗教中的神大多是凡人通过自己的修炼而成为神的。例如：

儒教是中国的主要宗教之一，其代表是孔子。孔子年少时，生活贫困，后来成为收徒讲学的老师。

道教是中国三大宗教之一，其主神为太上老君——老子。在春秋战国时期，老子是一位有名的智者，并且其曾经为东周朝廷的柱下史。

上述两个宗教的神都是真实存在的人，都是凭借着自己渊博的学识和伟大的人格成为神。

中国的佛教源自印度，其主神是释迦牟尼。释迦牟尼本是现实中的王子，后来对王宫中的生活感到非常厌倦，开始探索人生的意义，并且一直用自己的思想开化处于水深火热的广大人民，他在四十九天的思考之后，终于开悟，并获得了思想中的最高境界，成了一个参透真谛的人。他在思想领域的成功，吸引了无数的民众跟随他，成为他的信徒，学习他的思想成果。

通过对中国三大宗教中神的来源的分析可以看出，在中国乃至东方，神一般都是得道之人，是一些杰出人物通过精神探索和人格修行的产物，并不是由天外之神加冕的。

3. 宗教地位对比

在英汉两种宗教文化中，人们对于宗教地位有着不同的认知观点。下面分别对二者的宗教地位进行对比。

（1）西方宗教的地位

通过对西方宗教神源的分析可以看出，在西方文化中，宗教的思想已经超越了世俗上的文化和存在，宗教所处的领域属于超文化的领域。

在中世纪的罗马帝国，人们认为教会的权威应该高于所有其他的权力。因此，在当时，国家的最高权力为教皇所有。教皇在控制和管理宗教事务的同时，还掌控着社会中的其他生活领域，包括政治、经济、法律、文化、教育、医学、科学等各种领域。因此，教皇实质上是罗马帝国的最高统治者，教皇甚至可以决定一个国家国王的任命。因此，教皇的权力优于所有其他文化权力，如政治制度和法律等。此外，在西方，宗教是所有价值的衡量标准。

（2）中国宗教的地位

与西方宗教的超文化性质不同，中国宗教在社会中的地位是世俗性的。这主要是因为中国宗教中的各领袖都是来源于世俗社会，是由不同领域的杰出人物修炼而成的。

中国宗教是文化的重要组成部分。其教义一般都是由杰出的领袖通过对人生进行憬悟和理解而得来的，是对人生进行思考的结果。作为一种文化现象的中国宗教带有强烈的世俗性质。

纵观中国历史，宗教都是为皇权服务的，没有形成和皇权抗衡的现象。尽管历史上出现过宗教藐视皇权的倾向，但是随后都为统治阶级所控制，为其服务。

4. 宗教教义对比

不同的宗教教义是宗教文化内涵的反映，代表着宗教的特点，是其存在于世的显著标志。

（1）西方宗教的教义

在西方文化中，基督教是主要的宗教形式，每个国家都有80%以上的国民信仰基督教，基督文化已深入人心。基督教的教义主要是 Faith（忠经），creed（信经）confession（诚经）和 Love（爱经）。

faith（忠经）教化人们要相信上帝的永恒存在，信徒是上帝的子民，凡事要遵从上帝的旨意。

creed（信经）教化人们要相信上帝那无所不能的力量。

confession（诚经）教化人们要将违背上帝意志所做的事坦率地说出来，向上帝认罪或者认错。

love（爱经）教化人们要真爱上帝，因为上帝永远在身边，同时也要爱身边的所有人，还要爱自己。

（2）中国宗教的教义

中国主要有三大宗教：儒教、道教和佛教，这三大宗教中对中国人影响最大的是佛教。

佛教教义主要提倡"无神"（uncreativeness）、"无常"（no ever lasting

existence)、"无我"(anatman)、"因果相续"(the interdependent nature)等思想。

佛教使人相信生死轮回，善恶有因果报应，并认为人们来到这个世界上就是为了受苦，所有的苦难也都源于人们的欲望，因此教化人们去抵制各种各样的诱惑并抑制自己的欲望，如贪、嗔、痴、慢、疑、恶等。在现实生活中，佛教倡导人们要用好智慧、向好学好、有善意的目的、符合伦理的言行、谨慎处世、感情专一等。

此外，佛教中的四圣谛对中国人的信仰和思想有着极其重要的影响。四圣谛的主要内容如下。

①苦谛：指万物众生的生死轮回充满了痛苦烦恼。苦难始终贯穿人的一生，包括生、老、病、死等，人活着就是受苦受难。

②集谛：指造成众生痛苦的根源是欲望。人总是摆脱不了各种欲望和诱惑，这是给人们带来苦难的根源。

③灭谛：指消除世间众生痛苦的途径是放弃欲望。

④道谛：指通向寂灭的道路。人们消除欲望，最终脱离苦海，到达极乐的境界。佛教对中国文化的影响主要体现在两大方面：善恶因果的道德说教和生命与宇宙之间循环协调关系的哲学思辨关系。

5. 宗教包容性对比

宗教对社会的稳定以及历史的发展有着重要的影响作用。英汉宗教由于其教义的不同，对不同宗教的包容性也不尽相同，这种包容程度的高低在一定程度上也影响着社会的安定。

（1）西方宗教的包容性

西方宗教由于其无上性，因此具有明显的排他性。基督教就是典型的例子。在基督教中，一个人不能信奉其他的宗教，也不能信奉其他的神明。除了基督教外，任何的宗教都不允许在社会上传播，其他宗教的存在都是不合法的；如有人信奉其他宗教，那么这个人就会被称作"异教徒"，并受到相应的惩罚。

帕斯卡尔说："在耶稣基督之外去寻求上帝，而留在大自然中的人，要么是找寻不到理想中的光明，要么就是自己发明一种办法，他认为通过这种方法不需要基督教就能与上帝对话；这样做的人，要么落入无神论的陷阱，要么陷入了自然论，而基督教最痛恨的就是无神论和自然论的观点。"

西方宗教存在很强的排他性，为了维持自身宗教的社会地位与名望，不同宗教之间经常进行战争，甚至出现了迫害异教徒的事件。虽然从现代社会看，这种为了维护自身宗教唯一性的宗教战争不可取，但是在当时却从某种意义上推动了社会的发展与进步。

值得注意的是，基督教在处理异教的问题时，好像已经完全忘记了基督教教义的内容。基督教教义提倡包容和平等，但一旦面对异教的问题，就放弃了基督教的根本原则，没有做到用包容的方式处理问题。就问题的本质而言，基督教不能让自己的统治地位因其他宗教思想而发生动摇。一旦出现了其他宗教，其就会对上帝的存在和权力进行了质疑，进而降低了上帝在民众心中的形象。

（2）中国宗教的包容性

儒教是我国的主要宗教形式之一，其倡导的"中庸"思想对我国社会影响极大。同时佛教中的"中观之道"，道教中的"中和之道"，也都对中国宗教的包容性影响深远。

由于中国宗教倡导相对性、相容性和多元性，因此它能允许不同宗教存在。

在中国社会发展的历程中，多种宗教可以在社会中平等相处，相互尊重，相互交流。除了个别朝代和历史时期，帝国的力量被用来处理异教之外，大部分时间儒、道、禅三种宗教都是共存的关系。从唐朝开始，三种宗教逐渐走向融合；在宋朝，受到宗教融合的影响，宋明理学开始形成，是中国思想史上又一颗璀璨的明珠。

中国宗教的这种包容性，在教徒对异教领袖的态度上也有体现。中国各教教徒通常也很尊敬他教的领袖。这是因为，中国宗教的领袖一般都是社会中较有威望和成就的杰出思想家，是一个社会、民族和时代的灵魂所在。例如，佛教领袖释迦牟尼教导那些皈依他的异教徒弟子，他们仍然应该对之前的宗教首领有尊敬和学习的心态。

为了遵循释迦牟尼的这一宗教原则，阿育王对其统治区域内的所有宗教都表示尊重，并发布公告："不应该只尊重自己的宗教，而轻视他人的宗教。应该像尊重自己宗教一样尊重其他宗教。这样做之后，信徒不仅会帮助自己的宗教发展壮大，而且也会对其他宗教尽到自己在社会上的责任。如果不能够尊重其他宗教，不仅自掘坟墓，而且还伤害了其他宗教的发展。因此，和谐发展才是宗教发展应该遵守的原则，每个人都应该认真地听取其他宗教的教义。"

这表明，东方宗教的教义更加开放和宽容，宗教领袖对其他宗教都有非常包容和尊重的胸怀。这些都证明了东方宗教的相对性、相容性。英汉文化中的相关事物文化与宗教文化是语言文化的重要组成部分，因此在英语语言学习和翻译实践中都有着重要的意义。

（二）节日文化差异

1. 中国主要的传统节日

春节是中国最重要的节日之一。春节在农历年的第一天，也就是农历的一月一日，春节的庆祝活动通常被称为"过年"，与西方的圣诞节具有相同的意义和地位。中国的春节是远离家乡学习或者工作的人们，返回家中与家人团聚的时刻。贴春联和倒贴"福"字的习俗是中国民间过春节的传统习俗。端午节是在农历五月初五，据说是为了纪念屈原而设立的节日。家家户户要包粽子来庆祝端午节这个节日，南方会在两河流域附近举行龙舟赛。每年农历八月十五是中秋节，因为节日是在初秋的季节庆祝，所以这个节日也被称为仲秋节。在这一天，人们吃月饼，因为月饼的形状是圆形的，象征着家人的团聚，并且有在晚上看月亮的习俗。上述的三个节日是我国社会最重视的三个节日，此外还有清明节、七夕节和元宵节等。

2. 西方主要的传统节日

西方国家的民众为了纪念基督教主神耶稣的诞生，会在每年12月25日举行庆祝活动，这个节日就是圣诞节。人们在圣诞节这一天通常会交换卡片和圣诞礼物，并在家中装饰圣诞树表示庆祝。另外还有复活节，这个节日是为了庆祝耶稣的复活日，在每一年春分后第一个月圆之夜之后的第一个星期日举行。在复活节当天，人们按照习俗为对方祷告并交换彩蛋。感恩节也是西方国家重要的节日，会在11月的第四个星期四庆祝，这一天，在外地学习和工作的孩子们要共同回家团聚，晚餐以火鸡作为主要食材。其他重要的西方节日包括万圣节、狂欢节和愚人节等。

第三节　中西方思维差异

一、中西方思维方式差异的历史探源

中国和西方思想的思维方式可以说是迥然不同的，我们以先秦的"名"与亚里士多德的"范畴"概念作为探究的例子。亚里士多德的"范畴"是一种理性的思维方式，主要以对知识的本体论追求为目的，分析的方法是单纯的语言分析或者是逻辑思维的分析；中国先秦的"名"则是一种经验的思维模式，主要以实用的社会秩序建立作为目的，分析的方法是自发的经验形式。事实上，亚里士多德的"范畴"是对西方理性思维方式的最好概括，该思维方式主要具有本体、语言、逻辑三位一体的特点，而中国先秦的"名"体现了中国的经验思维方式，具有社会、实用、经验三位一体的特点。那么，现在我们应该开始探究这两种截然不同的思维方式各自产生的原因是什么，回答这个问题的方法和角度有很多，但在我们看来，思维的难题就是知识论或者是认识论的问题探究。从这个角度看，中国和西方不同思维方式产生的原因至少应该与中国和西方对知识、语言和语言结构的理解差异有关，以及各自思维产生的影响与作用。因此，本节将从这三方面进行中西方思维方式产生原因的探究。

（一）关于知识的看法

人之所以是人，就是因为人具有学习知识的能力，这是固定的规则。但在中国和西方思想史上，什么是知识？什么能够成为知识的内容？在理解上存在着根本的差异。

古希腊人获得"知识"的观念是因为他们从"我"与"非我"的关系分离过程中解析出来了相关的概念。他们发现有两种发现知识的途径：理性和经验。然而，古希腊人对这两种发现知识的方法不断挑剔，认为两种方法是对立的，因此在它们之间做出了选择。于是他们放弃了他们认为不可靠和没有价值的东西，即感觉经验，而保留了他们认为可靠和有价值的东西，即理性思维。

这里应该提到数学，因为它是古希腊哲学思想一个最好的映照。在所有的科学中，只有数学的内容是我们无法使用观察类的仪器或者是感官知觉感受到的。

数学知识被认为是人类思考产生的知识。哲学和数学一样，不需要使用观察方法和实验，也不需要从经验中学习经验或通过仪器研究现象，它不是经验性的。因此，古希腊哲学家认为，哲学知识是完全遵循理性思维的知识内容，只有完全由人类心智产生的知识才能被称为"哲学知识"，哲学知识在古希腊哲学家眼中是非常崇高的称谓。

巴门尼德将知识分为两个世界，"真理"和"意见"，并将两者视为不同的知识道路，即这两个获得知识的方法是根本对立的。他说："理性是真理的标准，但感官却欺骗了我们。"他又提出："不应该用蒙蔽的眼睛、吼叫的耳朵和咆哮的舌头迫使自己使用感性获得知识，而要用理性来判断知识的存在。"也就是说，他不认同使用感官可以获取真正的知识，因为它仅仅是意见，而只承认通过理性的思考获取真理性的知识。至于思维，巴门尼德拒绝经验性思维和感性的思维，支持理性的思维。这是古希腊哲学思想的传统观点和看法。

柏拉图也有将知识分为两个世界的看法。一个世界是现实事物的现象世界，我们通过感官经验来认识这个世界的内容；另一个世界是事物本质的理性世界，我们通过理性（即通过心灵和理智）来学习。在柏拉图看来，理性世界比现象世界更真实；现象世界只是理性世界的投射。我们了解现象世界的方式主要是通过感觉的经验，因此现象世界内的知识是虚幻的、变化的和短暂的；我们了解理性世界主要是通过理性的思维，因此这个世界是真实的、永久的和不变的。他在知识论方面还提出，哲学关注的对象就只是"理念"方面的知识，即对真理的认识。因此，柏拉图在他的思想中倾向于赋予理性以特权，并贬低和放弃感官的经验。

到亚里士多德那里，哲学的任务是研究"智慧"，寻求知识。虽然，从巴门尼德以后到亚氏经过了两次名为"拯救现象"的思想运动，这类的思想运动使亚里士多德注意到，感觉经验也有其存在的价值，对于知识的增长也有积极的作用。但是，亚里士多德在著作《形而上学》中提到，"知识与理解，不属于经验""与经验相比，技术才是真知识"。这表明对于知识，亚里士多德认为感觉经验仍然不是获取知识的最好途径。他认为，知识就是原因明确、不具有实用价值、具有普遍性的知识。所以，在他关于真理知识的三级分类中，他仍排斥感觉经验。特别是最高等级的哲学知识。他认为哲学是不以实用为目的寻求"原因和原理"的知识，感觉经验不能帮助人类获得这样的高级知识，唯有凭借我们的理性方能揭示。实际上，亚里士多德仍旧将感觉经验排斥在哲学知识之外。在对思维方式的看法上，他十分认可柏拉图的看法，十分看重理性的思维，不认可感性经验获得的知识。

中国思维的特征就是"天人合一"，而且较为固定。这是因为中国思维的发展过程中没有经过"我"与"非我"的主客分离。这并不是说中国的思维缺乏对"我"与"非我"、主体与客体、天与人等方面的区分。从西方思维的发展过程中我们可以了解，这种"分离"要有一个"区分—对立—分离"三个环节发展的过程。中国当然也有"区分"，如荀子的"明于天人之分"思想。但是，中国的思维模式并没有因为"天人相分"的概念而将天和人进行分离。所以，我们可以认为也就没有产生西方认识论意义上的理论知识。先秦思想家关于知识的理解是在"天人合一"的思维模式下形成的有关经验的实践知识，它与人的实践保持着密切的联系。

先秦时代，几乎没有思想家是不强调实践的。孔子说，"讷于言而敏于行"，并提出所谓四教——文、行、忠、信，行也占其一。墨家也说："行，为也。"[1]这表明，无论儒墨，他们都是高度重视实践的。事实上，注重实践的传统在先秦时期的思想界就已经形成了，也就是"行"的概念，比如墨家就很重视实践在生活中发挥的作用，儒家与道德实践的密切关系，法家与政治实践的密切关系。他们对实践与知识的关系认知也因为这种密切的联系而产生了不同的看法和思考。有以下两点：第一，先秦思想家都比较认可实践在知识和经验上发挥的作用。墨家说，"知，闻、说、亲"[2]，这样的观点也很好地说明了实践在获取经验知识中发挥的作用。思想家们也能认识到，实践对知识的巩固需要不断地重复实践，孔子提出："学而时习之，不亦乐乎"的观点。先秦思想家们也认为，知识是通过反复的实践才取得的。第二，先秦思想家认为学习的过程中还有比获得真正的知识更重要的，就是在生活中运用好理论的知识。荀子说："不闻不若闻之，闻之不若见之，见之不若知之，知之不若行之。学至于行之而止矣。"[3]这就是说，知识不仅来源于实践，而且学习知识的目的也是实践。所以，蒙培元先生指出，中国的知识不像西方国家那样重视理论的原理知识，而是重视个人的实践和经验知识。其原因

---

[1] 墨翟. 墨子 [M]. 南京：江苏凤凰科学技术出版社，2018.
[2] 墨翟. 墨子 [M]. 南京：江苏凤凰科学技术出版社，2018.
[3] 荀况. 荀子 [M]. 北京：光明日报出版社，2014.

就在于，中国人在思想层面对实践的极端重视导致的经验主义和实用主义的知识观念。

就思维的方式出发，中国人比较在意知识能否运用到实践过程中，必然导致思想家们十分看重感觉经验发挥的作用。墨子在《墨子·明鬼下》中说道："是与天下之所以察知有与无之道者，必以众之耳目之实，知有之亡为仪者也。请惑闻之见之，则必以为有，莫见莫闻，则必以为无。"① 在这里墨子认为知识来源于"耳目之实"，得自于人的感官经验。也就是说，墨子注重经验知识。他提出"言必有三表"，即言论（实践智慧）的是非曲直要以"三表"为标准来评判。"三表"即"有本之者，有原之者，有用之者"。首先，"上本之于古者圣王之事"，考察古代圣王的经验以得到历史依据；其次，"下原察百姓耳目之实"，根据当前百姓的实际以获得现实支持；再次，"发以为刑政"，看看它是否真的能够"中国家百姓人民之利"以求实效验证。用温公颐的话说，"三表"是分别以过去人的经验、现在人的经验、未来人的经验做立说的标准。总之，一句话，"三表法"是墨子的实践知识观。

《墨子·经上》也说："知，材也""知，接也。"《墨子·经说下》说："惟以五路（五官）知久。"② 这表明后期墨家同样重视感官对获得知识或经验的意义。而荀子的"缘天官"思想也反映了他以感觉经验作为知识获得途径的观念。虽然荀子在这里还提到"心有征知"，但是这里的"心"并非西方的"理性"，而是指人的直观判断力。严格来说，它仍属经验层面的思维形式，在实践中产生智慧。

先秦思想家们的理论看法中，存不存在理性思维呢？成中英说，"理性是主客体分离的结果"。所以，原则上讲，既然中国思维没有经过主客分离的过程，那么中国的思维方式和西方也就不尽相同，不存在单一的理性思维。当然，在墨子和荀子的观点中，也体现出了一定的认识论倾向和理性思维模式。但是我们认为，墨子和荀子的观点获得的直觉知识，还是从经验思维中获得的，只是具有了一定的理性特点，和西方纯粹理性的观点不太相同。他们在思维类型上依然属于经验层面。

简而言之，先秦思想家和古希腊哲学家对知识有非常不同的观点和看法：前

---

① 墨翟．墨子[M]．南京：江苏凤凰科学技术出版社，2018．

② 墨翟．墨子[M]．南京：江苏凤凰科学技术出版社，2018．

者将知识看作以经验为导向的"实践"结晶,后者将知识归结为纯粹的"理论"集合。中国和西方思想偏向于关注不同的本体论问题以及社会和政治问题,这些问题的分歧都是由不同的知识观念导致的。

(二)关于语言的看法

语言问题是哲学探究的核心问题之一,语言问题在古希腊和中国的先秦,都受到了思想家的关注。然而,在涉及"语言与思想(认识)""语言与生活"等具体问题的讨论时,中国和西方的思想家表现出非常不同的兴趣和取向。西方思维的主要特点之一是十分看重语言在社会中发挥的作用。

在古希腊,城邦的出现,意味着除了个人的私人生活之外,社会中的人开始了另一种生活——政治生活。每个公民都属于两种不同的生活,他自己的生活和社会的生活之间存在着鲜明的区别。这表明,私人领域和公共领域在古希腊城邦社会中就已经出现了,而且随着社会的进步和发展,公共领域的作用变得越来越重要了,因为人是一种政治性的动物,要在政治生活中提高自己。通过言说的方式,人们参与了城邦公共领域的政治生活,因此,语言和言说具有非同寻常的重要性。思维次于言说的事实表明,古希腊人认为作为社会中的人就要会"言说","人说话的能力"的品质表明:人具有理性的思想。因此,在古希腊城邦的社会生活中,语言和言说都是"理性"的表现方式。

对于古希腊的政治哲学家来说,他们的思想因为语言和言说的发展受到了影响。因此,那些渴望获得理性知识的哲学家们很容易认识到语言在知识中的作用,并发现了语言学分析这一研究的方式。古希腊人就像重视客观事物一样重视文字的作用,重视句子的概念。如果文字与事物不对应,那么文字发挥的作用就会更大。因为一个没有被表达出来的事物实际上是一个非理性的事物,而理性的事物只作为语言存在。根据古希腊哲学家的观点,人们必须依靠理性思维才能获得知识,在他们的社会生活中,理性只有依靠语言这一方式才能存在并得以表达事物。因此,语言的问题不再仅仅是单一的文字问题,而是人是否能通过理性的方式理解事物的问题。因此,他们相信,只有通过纯粹的语言学分析才能获得理性知识。他们甚至认为,语言比客观存在的事物和思想更真实。

换句话说,对古希腊哲学家来说,语言和世界在某一角度是统一的构造,语言不仅可以用来描述世界中存在的事物,也是揭开世界本质的手段。语言可以而且必须揭示世界的本质。因此，巴门尼德从语言学分析中得出了存在问题的观点；柏拉图用语言学分析来研究"理念"的问题；亚里士多德用语言学分析来研究范畴的概念和本体论。

在中国的先秦时期，对"名"的研究也涉及语言问题。然而，中国以前的思想家对待语言的方式与古希腊人的观点可以说是南辕北辙。古希腊人对语言的表现形式基本比较认可，而中国以前的思想家则比较怀疑这一点，甚至持否定的态度。

首先，在长期的语言变化过程中，中国先秦时期的思想家确立了一个基本的观点，即通过语言的手段不可能完全表达出人类的理解和思想。例如，老子说："道可道，非常道；名可名，非常名。"又说："吾不知其名，字之曰道，强为之名曰大。"这意味着可以用语言描述的"道"不是正确的"道"，而正确的"道"不能用语言表达出来，"常道无名"就是这样的道理。如果说用语言来表达出"道"中蕴含的意味，那么这是一个不合理的要求。

孔子的观点中也说明了语言的这种局限性。子贡说："夫子之言性与天道，不可得而闻也。"[①] 此外，孔子也谈道："仁者，其言也讱。"[②] 这说明，孔子也感到自己学说的核心概念用语言是表达不出来的。

因此，《易传·系辞上》对孔子的思想进行了拓展和延伸："书不尽言，言不尽意"，明确说明了先秦思想家对语言的表达方式不是非常认同，而庄子的观点更直接、更深刻地表达了这个观点。根据吾淳的说法，庄子批评了语言表达的三个局限性，即语言不能把握具体的对象、语言不能完全把握道的深刻涵义，以及语言不能完全表达出一个人的内心体验。我们认为，庄子的指责可能不够公正，但他对语言的观点能够代表中国先秦思想家的普遍看法。因此，我们也能够理解为什么中国的思想家们如此重视实践经验，而较少关注课本中理论知识所能发挥的作用。

其次，语言的局限性还体现在它对思想的表达和认知存在一定的不严谨性。一方面，语言不能把我们的知识和思想充分地表达出来，但另一方面，语言又会对我们思想的表达和感知产生一定的限制。中国先秦时期的思想家们指出，过分

---

① 孔子.论语[M].钱琼评注.上海：上海辞书出版社，2015.
② 孔子.论语[M].钱琼评注.上海：上海辞书出版社，2015.

纠结于语言的形式，过分依赖修辞的作用，会对思想的传播和认知造成损害。韩非子在著作中描写了这样一个故事：楚王曾对墨子的弟子田鸠提问："墨子者，显学也。其身体则可，其言多而不辩，何也？"墨子作为较出名的思想流派，专于实践，但语言表达方面取得的成绩比较一般，这是为什么呢？田鸠回答道："昔秦伯嫁其女于晋公子，令晋为之饰装，从衣文之媵七十人。至晋，晋人爱其妾而贱公女。此可谓善嫁妾，而未可谓善嫁女也。楚人有卖其珠于郑者，为木兰之椟，薰以桂椒，缀以珠玉，饰以玫瑰，辑以羽翠。郑人买其椟而还其珠。此可谓善卖椟矣，未可谓善鬻珠也。今世之谈也，皆道辩说文辞之言，人主览其文而忘其用。墨子之说，传先王之道，论圣人之言，以宣告人。若辩其辞，则恐人怀其文忘其直，以文害用也。此与楚人鬻珠、秦伯嫁女同类，故其言多不辩。"[①] 即词语既用来对事物下定义，又用来进行交流和表达。如果一段文字过于精细，必然会导致一种情况，即使用文字时破坏了对事物的描写和情感的表达，以至于人们过于关注语言的修辞而没有注重文字中思想内容的表达，也就是说，当时的优秀辩论者忘记了语言的最终用途。当然，这样的"辩"和"文"是不可取的，正如俗话所说"辞以害意"。这样的语言观是一种将语言作为表达工具的观点。

正是因为中国先秦时期的思想家对语言持否定或怀疑的态度，认为"言不尽意""辞以害意"，所以他们普遍忽略言论和语言的作用，甚至不支持"名辩"的形式。孟子说他别无选择，只能好辩，而荀子说"辩"是指用大学者的论点来阻止心胸狭隘之人的观点。在他看来，善于争辩并不是一件好事。相反，言语贫乏、表达笨拙是一种优良的品质。老子说："信言不美，美言不信。善者不辩，辩者不善。""大巧若拙，大辩若讷。"孔子说："君子欲讷于言而敏于行。""刚、毅、木、讷，近仁。"这些思想家们的看法说明中国先秦时期的思想家把语言看作是一种单一的表达工具，而且不是一种对人性格有积极作用的工具。

（三）关于语言结构

无论我们是接受还是质疑语言的表达能力，我们都要在生活中使用它，包括说话和写作，因此我们必须解决如何更好地使用语言的问题。为了回答这个问题，必须考虑到东西方不同的语言结构，进而说明它们对东西方不同思维方式发展产生的作用。

---

① 韩非.韩非子[M].哈尔滨：黑龙江美术出版社，2019.02.

西方语言在语言结构方面有两个重要的特点：第一，是一种拼音文字（成中英说是声音语言）；第二，西方的语言在语法上较为规范，在语法结构上较为完整。由于西方的拼音文字不能形象地表示声音，必须为字母安排抽象的概念。声音必须有意义，为了理解声音在心灵主体中的位置，观念思维和概念思维就由此产生了。声音，既可以指向意义，也可以指向对象。声音语言内部的紧张使得我们必须不断地把握外部世界的定势，寻找声音的根源，以形成概念和思想。所有的语言都是为了形成概念和想法，这就是定义如此重要的原因，定义和推理是理性的。概念必须是抽象的，这种抽象是在主体和客体分离时必然会产生的。正是这种抽象性将拼音的文字与具体事物分开，并在它们之间保持一定的距离，从而给思维带来抽象和超越的特质。也正是这种特质，使得拼音文字在单独孤立的情况下没有直接的意义，即不能像汉字那样以单个字（词）或字符的形式表达全部的意义。

由于单个词语不能完整地表达出全部的意义，于是古希腊人在研究语言的使用中把注意力转向了用语言表达句子。抽象性的拼音文字是一种思维运算的符号，为了让人们更好地理解和表达其中的涵义，必须制定出一种共同认可的语言规则。由于这个原因，古希腊的语言结构非常强调严格一致的语法规则。他们使用主谓句法"……是……"作为表达的基本结构。在这种句子结构中，不能省略使用主谓的成分，句子结构的顺序也不能改变，但句子的完整性和顺序是很重要的。这使得古希腊人在使用语言时，受到抽象性的思维影响，而且还看到了某种哲学层次的意义，即他们看到语言的深层（语法）结构与哲学知识的本质目标相一致。因此，我们看到，巴门尼德能够通过分析语言中的句子找到命题"存在"；柏拉图能够在谓词中找到代表属性的"理念"；亚里士多德能够获得相应的本体论和属性的观点，这是通过对主语和谓语词的分析得出的。因此，我们认为，西方语言的结构至少在两个方面影响了西方哲学思想：第一，抽象的方面，第二，在语言分析的方面。而在古希腊，亚里士多德因为语言的分析得出了逻辑学的观点和学说，这是古希腊思想的最大成就。这是因为，亚里士多德的逻辑学不仅是思维规律的学说，也是有关语法结构的学说。

中国汉语的结构特点可以归纳为以下两点。

首先，汉字是象形文字。汉字最重要的特征是语言的形象性。这个问题以前的许多学者已经详细论述过了，这里不再展开。例如，葛兆光用丁公村出土的陶器和甲骨文，说明了古代汉字的形象性特征，并指出这种形象性的特征反映了中国古代先民在具体感知和形象运用上的思维习惯。

然而，我们也更应该注意到这种象形文字的历史发展，以及象形文字对我国文化发展的作用。由于语言和文字代表着思维的发展过程，在某种意义上，思维方式的选择要借助于语言文字的选择。因此，我们认为，与西方的拼音文字不同，中国象形文字的持续使用从来没有让中国人的思想世界与具体形象分开，在思维中的计算、判断、推理等活动不是抽象和单一的数学符号，而是以感性形象为具体的特征。这与拼音文字所形成的抽象思维有很大不同。

其次，古汉语（文言文）在语法结构和语法规则方面并不是严格和规整的。古代汉语的句子表达不像古希腊语那样受到严格的句子结构和语法规则的约束和限制，文言文经常以一种随意和散漫的风格出现在书面。我们当然可以说，这种特点的产生是中国工具主义语言观念影响下的结果，源于对语言的实用和使用语言的效果。但是，更重要的是，这些观点也是由中国人的思维方式产生的。

古代中国语言的特点实际上也体现出了古代中国思维具有感觉主义的思想观点。由于汉字的形象可以传承下去，其自成一体的表达方式使其在任何情况下都能表示意义，而在这个表意的过程中不需要严格的语法约束，因此，语法的规定性和约束性是相对宽松的。这反过来又使中国古代思想不那么注重"逻辑""秩序"和"规则"的要求，而是注重实用性和效果。语言本身是思想的产物，是思想和推理产生的符号，需要一个共同认可的规则来表达和理解它，但是如果文字中的图像意义十分鲜明、文字能够独立表达意义时，就可以在语法和句法上进行一定的省略，话语的生产者和接受者的共同文化习惯，使得人们相互之间表达和理解非常复杂的意义成为可能。

语言的观念很大程度上反映了人们从理想角度出发的愿望，而语言的结构则从实际角度描述了人们的需要。但无论是理想还是实际的角度，中国之前的哲学家和古希腊的哲学家体现了两种截然不同的语言兴趣和语言实践。正是这种差异为东西方不同的思维方式奠定了基础：重视经验、实用（体证）和重视语言、逻辑分析。

二、思维模式概述

思维模式差异直接反映文化信息和语言表达的差异。思维模式制约着语言结构，特别是句子结构的排列分布。不同语言之间的对比，可以揭示英汉文化在思维模式和语言表现特征中的差异，可揭示这种差异对英汉互译的影响，在外语教学中有必要进行源语与译入语思维模式及表达方式的对比。

思维与语言有着密切的关系。人们常说语言是文化的重要载体，但它首先是思维的唯一载体。语言不仅是一套符号系统、一套语法规则和一组习惯，而且还是人类思维依存及其交流的工具。人类的思维是借助语言进行的，没有语言就谈不上严密的思维。人类以外的其他动物之所以没有真正的思维活动，其原因首先就是它们没有语言这种高级符号／代码系统。思维的发展离不开语言的进步，而且文化也是由于语言的发展而发展壮大，语言也逐渐融入文化的体系之中，语言也受到文化对其深刻的影响和反作用。正如萨莫瓦等所指出："人类语言的应用不仅有关于字词上的研究，还有关于人们思维的问题，因为语言必须与思维紧密配合，才能得以发展。语言的使用遵循一种由文化决定的模式，这个模式不仅影响到人们用来形成表达的词的顺序，而且也影响到人类思考语言的使用方式。"

语言作为一种材料和工具，可以对思维的发展有推动的作用，而且在一定程度上也被思维影响着。思维是语言的外在表现形式，而且语言也是思维的主要表现形式和思维发展的基础。人类在远古时期经过极其漫长的生产生活实践后，产生了进一步认识实践的迫切需要以及组织生产的需要和交际的需求，使得语言在特定的自然条件、生存环境、生产活动、社会制度等客观因素的共同作用下应运而生并发展起来。语言的产生和发展帮助人类更好地认识客观世界和主观世界，进而进一步促进了人类思维的发展，极大地提高了人类认识世界和改造世界的能力，从而逐步形成了思想意识、哲学观念体系。在特定的外部条件、环境因素、社会制度的共同作用下形成的特定的世界观、价值观对思维会产生影响，使思维具有明显的民族性和文化性。反过来，不同的思维模式会产生不同的世界观、价值观、信仰、情感和态度，而这些观点和价值的差异又会产生不同的社会实践、行为准则、道德规范甚至是生活方式。这样一来，固定下来的思维方式在特定的民族文化的发展进程中逐渐完善。

在所有内存外在的主客观因素中,语言是孕育、铸就人类思维模式的至关重要的因素,或者说语言对特定人群思维模式的形成起到了强有力的暗示、诱导作用。反过来说,思维模式又制约着语言的结构,特别是句子结构的分布,是"客体反映在主体的思维过程中,造成了思维形式、思维方法和思维程序综合发展的定型模式"。人的语言表达是受思维模式支配的,研究语言不能不研究思维。所以要真正获得某种语言能力,真正掌握一门语言,关键不仅在于对一门语言的语音、语法和词汇的完全掌握,还在于对文化结构,也就是文化思维方式的理解。由于英语和汉语是在文化差异较大的社会、历史传统和生活模式的背景下发展起来的,所以使用英语和汉语的人在思维和表达方式上存在着逻辑上较大的差异。翻译作为一种从一种语言转换为另一种语言的不同文化间的交流活动,不仅是一种语言之间的形式转换,也是一种文化思维方式的转换。很明显,翻译的过程受到文化差异的影响,对翻译进行研究必然要求研究不同语言所反映出的思维模式差异。

三、英汉文化思维模式的差异

所谓思维模式(thought pattern)是指一个人看问题、看世界、做推理和决策的基本方式,思维模式包括思维形式、思维方法、思维过程、思维途径和思维偏向等多种要素。它是最具有深层次意义的文化内涵之一,也是所有文化,尤其是社会文化发展的根本基础。纵观历史的发展过程,人类将其对客观现实的认识锚定在经验和习惯上,通过语言塑造认知,赋予它们某种特征,从而塑造其思维的形态。不同的民族不仅有不同的民族文化,也有不同的思维方式。

某一民族在千百年来使用民族语言的过程中会形成一种语言心理倾向,这种倾向决定着思维模式的差异。因此,每一种语言都体现着使用该语言民族的思维特征。在特定的历史条件和生存环境(包括地理条件、气候条件、自然环境)以及生活条件和经济社会制度等的制约下,历经数千年的发展,英汉两个民族在思维模式上形式了一定差异,正是这种思维模式差异往往导致他们对同样的事物会产生不同的语言表达方法。在英汉互译的过程中,这种差异往往没有被考虑到,使得翻译不清楚,甚至出现不正确的情况。因此,在翻译实践中,有必要研究源语言和目标语言的思维模式和语言表达方式的差异,了解这些差异对翻译的影响,以减少或消除对思维模式转换关注不足产生的负面影响，减少或消除翻译错误的现象。

（一）中国人重整体思维，西方人重个体思维

整体性思维是指在思想层面将知识对象的不同部分整合成一个连贯的整体，将其不同的属性、方面、关系等联系起来的思维。与之相反的是，个体思维指的是将一个整体的认知对象划分为多个组成部分，或对其各种属性、方面和相互关系进行分解。

在中国文化中，直觉的整体性在传统思维特征中占主导地位，而分析性逻辑在西方思维特征中占主导地位。中国哲学整体上是基于人心的体验，自然而然地产生对生活和社会的感知，并将其推导为对自然的理解，而西方哲学的根本出发点是"本体论"，第一原则是逻辑方法的构造。西方哲学中提出，生命的意义在于对客观的本质世界产生自己的认知，思想也是这些本质认识产生的关键。

中国传统哲学的观点认为，世界中包括人和自然、主体和客体，最终形成了一个整体。整体是由许多不可分割的部分组成的，要对部分产生一定的了解，就必须首先理解整体的作用。中国传统哲学着重认识整体的和谐、综合和概括作用，并运用多者为一的理念，避免对个体进行孤立理解。因此，中国传统哲学对语言的思考和理解倾向于整体性和概括性的发展，强调启发性，以"整体性思维"为根本特征。另外，汉语偏好骈偶式结构，从本质上来看，这也是偏重整体思维所致。

西方文化则使用"主客分离"的哲学观点，认为万物要以人为发展的中心，人与自然相分离，人必须对自然有支配和使用的自由。西方文化注重各个组成部分的自主作用和相互关系，注重详细分析，追求精确和具体，注重形式结构和规则的运用，注重从小到大的发展过程，从部分到整体的变化，突出"从一到多"，并以"个体思维"为主要的特征。这是"个人思维"的一个明显特征。这反映在语言不是整体性的、刻意的，而是僵化的结构。此外，英语主要以开放性行文为主，这也基本上是个人思维的结果。此外，英语行文以散行为主，从本质上讲，这也是偏重个体思维的产物。

（二）中国人重直觉经验性思维，西方人重逻辑实证性思维

"中国传统思想注重实践经验和整体思维，因此以直觉感受为基础，即使用知觉在更大范围上对认知对象的内在本质和规律进行模糊而直接地把握"。中国人在认识事物时更满足于对经验的总结和对现象的描述，而不太倾向于更深层次的思考和对现象背后的哲学理解。相比之下，英美国家在思维上一直重视理性知识和经验证据，主张从广泛的经验分析中得出科学、客观的结论。换句话说，西方思维具有很强的经验性、理性和辨证性，看重的是形式分析和逻辑推理，形成理性思维的定势。

这种语言上的差异体现在：英语注重形式，汉语注重意义（paratactic）。换句话说，英语注重使用各种有形的联接方式来实现语法形式的统一，其联接的方法遵循严格的逻辑形式，概念明确，句子组织严密，层次衔接良好，句法功能明显，具有外显性的特征（overt）；而汉语的语言表现形式以意念为主导，看起来似乎概念、判断和推理不甚严谨，句子松散，句法功能具有隐含的特点（covert）。例如，"A wise man will not marry a woman who has attainments but no virtue." 译成"聪明的男子是不会和没有才华和品德的女人结婚的"。在句中删除了"a""who""but"等词。

（三）中国人长于形象思维，西方人善于抽象思维

形象思维是一种通过头脑分析综合、加工改造等记忆表象，从而形成新的表象的心理过程。另一方面，逻辑思维是要使用概念来进行决定和推理的各种思维活动过程。

中国人在思考问题时，总是喜欢把事物与外界的客观形象联系起来，与过去大脑中存储的相关物象进行结合的思考。这意味着中国人有发达的形象思维，喜欢根据事物的外部属性进行联想的行为。中国传统文化最重要的特征之一是"尚象"，中国"尚象"的文化传统塑造了他们有更偏向于意象的思维方式。例如，中国文学史上就有丰富的想象力类比手法。

思维的顺序是从具体到具体的一个过程，而不是从具体到抽象。汉语能够以"实"的形式体现"虚"的概念，强调动静之间的结合，给人以"实、明、显"的感觉。例如，"揭竿而起""接踵而来""混口饭吃"等中国传统词语。中国人

深谙形象思维的作用，是通过汉语言文学的引入和暗示，在历史发展的过程中逐渐历练出来的。中国的文字具有会意文字的特征，这个特质是在整体象形文字演变过程中形成的，与书法和绘画有着共同的渊源。人们认为它起源于原始意象，逐渐从图画形式演变为线条书写，成为强调简单物体的象形文字，具有强烈的直观书写风格。尽管如此，现代汉字的写法或结构仍浸润着丰富的物象，颇具立体感，仍容易使人把它们同外部世界的事物的形象联系起来。有些现代汉字甚至仍保留着很强的意象感，即清晰的意境。例如："舞"字的字形就很容易在人们脑海里勾勒出一个单脚立地翩翩起舞的舞者形象。汉语文字所隐含的物象十分丰富，中国人在思维中长期运用汉语进行思考，从而逐步形成了形象思维的思维模式。一些学者将这种思维方式称为"悟性思维"，即利用想象、直觉、灵感、联想和其他思维形式，借助形象，将感性的材料组织成具有直觉、幻想、主观性、完整性、模糊性和其他属性的结构化感知。

西方人的思想与上述中国人的思维方式有所不同，西方人比较擅长抽象思维，抽象的思维脱离了外部世界客观事物的物理表象，是一种以逻辑推理和语义联系为基础的逻辑思维。西方人有发达的抽象逻辑思维，对建立概念系统和逻辑系统感兴趣。西方文化的重要特征之一是"尚思"，西方人"尚思"的文化传统形成了其偏重抽象的思维方式。事实上，这样的特征源于印欧语系语言特点的影响。西方民族的文字也是从各种图像演变而来的，西方语言字母的形成和演变与中国的象形文字有许多共通之处。西方国家的语言受到"尚思"传统的影响，抽象思维以主体对具体事物的想象为基础，逐渐发展出一种具有很强概括性的概念符号，也就是拼音文字，它不像汉字那样直观和形象。西方语言中拼音文字的使用，强调了人类智力的进化发展过程。拼音文字创造了一种循环和连续流动的书写形式，就像一条长长的水流，形成了一种不停止的流线书写效果，这让人们开始关注事物的相互联系。这一条件和语法形式对西方语言的发展起到了作用，大大增强了印欧语民族感知事物表面逻辑的能力。抽象的书面符号和语音形式与现实世界的脱节，导致印欧语系民族一再远离现实世界，只用语言的抽象符号进行形而上学的思考。可以看出，西方的拼音文字是由没有意义的字母通过线型连接的方式构成单词，单词则是语言中最小的有意义的单位，然后再把一个个单词用线形的排列方式组成句子、短语和篇章，缺乏通过象形思维理解文字的功能，因此无法激发形象思维的思考。经过几千年时间的发展，人类逐渐发展了抽象思维，抽象思维形成的过程需要脱离客观存在的物体，而完全使用文字符号和语义的联系。一些科学家也称其为"理性思维"，也就是通过逻辑、概念、判断、推理和其他具有逻辑性、抽象性、客观性、分析性、决定性特点的推理形式，研究和发现事物的本质及其内在关系。英语中多用抽象的概念来表达客观存在的事物，更重视使用语言表达的抽象能力。也就是说，英语经常使用许多抽象的名词来表达复杂的理性概念和现实概念。这样的表达方式让人觉得英语的表达具有"虚、暗、隐"的特点。

中国人更擅长形象思维，西方人更长于逻辑思维，这种思维模式上的差异使得英语具有集中性，而汉语具有扩散性。英语的集中性意味着英语句子可以采用主语和谓语为中心的"楼房建筑法"，使用各种相关成分把句子的主体结合起来，形成一个大的"主体结构"，从而构建出丰富的形态变化。在阅读英语时，我们经常会遇到长度在100到200字之间的英语句子，有时句子的长度达到一整个段落。但是，无论一个句子的附加成分有多少种类，它们在逻辑关系上总是和中心成分紧密结合着，并且在句子和段落中具有清晰的条理和有序的逻辑特征。汉语的扩散性是指汉语中没有丰富的形态变化。句子的长度如果过长，容易造成在表达和逻辑上产生混乱，因此可以将一个长句子切割为几个短句，用许多短小、松散、整齐的句子来表达意思。例如："她身材苗条，个子高高的，前额突出，鼻子翘起。"这句话在中文中表达出来是短的句子，若译成英语是："She was a slim and tall girl with slightly bulging brows and a turned-up nose." 这样一来，几个中文的短句子就被整合成了一个长的英语句子。

需要注意的是，抽象和具体的分类不是完全绝对的，英语中有很多非常具体的表达，而汉语中也有很多抽象的描写。在翻译的过程中，抽象和具体的使用和表达要和实际情况相结合。

（四）中国人注重螺旋形思维，西方人注重直线型思维

中国的思维方式以整体思维为出发点，以一般和直观的方式将事物作为一个有机整体进行掌握，强调理解的过程而不是形式上的论证。在看待物质世界时，使用散点视思维方式，这个方式也属于螺旋式思维方式的一种。相比之下，以个体为基础的西方思维方式，将整体的事物分解为单个的结构元素，并逐一进行分析，因此更强调逻辑分析和形式推理的方法。在分析过程中，采用焦点视思维方式，此思维方式具有线性的特点。思维方式的差异也是受到了中英两种语言文字诱导和暗示的影响而产生的结果。

在使用汉字的过程中，人们很容易根据象形的文字展开对客观世界中事物的想象，中国人在历史发展的过程中不断使用此语言，思维线路逐渐发展成螺旋形，即曲线形或圆形，且循环上升，具有明显的间接性。所以中国人在思考或运用语言时，经常不厌其烦地重复某些词语或句式；在行文方式上，"中国人撰写的文章往往是以笼统、概括的陈述开头。每个段落里经常含有似乎与文章其他部分无关的信息。作者的见解或建议经常要么不直接表达出来，要么就是轻描淡写地陈述"。可以看出，中国人的表达方式是微妙而模糊的，具有一种含蓄的态度。在说话或写作时，中国作家通常会对情节和故事进行发散，然后进行收回，让文字回到原来的起点。这种螺旋式思维催生了中文的螺旋式语篇结构，即一个问题的展开要以重复和螺旋式的方式进行，尽可能避免开门见山的表达方式。

西方语言的拼音文字则不易勾起人们对现实世界里事物形象的想象或联想，因此，西方人在长期使用抽象化的文字符号过程中，思维模式逐渐发展成比较直接的直线型模式，因为这种文字符号是以线型连接为排列的特点。所以西方人在思考或运用语言时，往往不愿重复前面已使用过的词语或句式；在行文方式上，"西方人撰写的论文总是围绕一个不变的中心论点展开，文章中的所有句子都是为了这个中心论点服务。论文的开始就已明确地表达出作者的见解"。可见，西方人语言表达直截了当、干脆利落，态度鲜明。西方人认为，事物之间没有什么必然的联系，一切事物都不会永远处在停滞不前的状态。因此，思维较为直接的西方人认为，在口头表达或写作中，人们应该优先使用直接表达的方式，说话者的立场应该是固定不变的，不要使用不相关的信息模糊想要表达的观点。英语语篇通常以直线的方式展开，在其中包含四个部分：引言、话题、论证和结论。在引言之后，在开头就对段落的主旨进行陈述，即主题句，然后从几个角度展开话题，最后得出自己形成的结论。就语言表达而言，英语句子结构的重心在前，前短后长，而汉语句子结构的重心在后，前长后短。

（五）中国人强调主体，西方人强调客体

中国文化强调以人为本，而西方文化主要是以物为本。中国以人为本的文化主要表现为从人文的角度出发思考问题，以人的生命为本。道家的代表人物老子曾经说过："人法地，地法天，天法道，道法自然。"儒家哲学家理解世界的目的不是为了寻求大自然的规律，而是出于对社会政治和伦理现实的发展探求。例如，儒家哲学以"仁""礼"为根本出发点，"仁"旨在规范人和人之间的关系，"礼"旨在建立社会秩序。哲学家们探讨的人生哲学旨在"究天人之际，通古今之变"，他们关注的重点是人，而不是天道，重点是人生道路上应该遵循的规则，而不是自然的本质。随着时间的推移，这种以人为本的文化已经演变成了汉族的本体型思维方式。

西方以物为本文化主要以物质和自然为基础。这是因为西方世界比较倾向于对客观世界的研究和探索。例如，亚里士多德认为，人的本性是努力追求知识。培根提出了"知识就是力量"的看法和观点。西方人将自然视为其视野的中心，崇尚自然、体验自然、探索自然，最终达到自然界为人类所用的目的，成为宇宙的中心。西方客体型的思维模式是这种以物为本的文化长期积累而形成的。

中国人看重人与自然的统一，不严格区分思维的主体和客体，这就是为什么汉语中的句子不对主体和客体进行区分。例如，"四个人吃一锅饭"也可以表示"一锅饭四个人吃"，反映了中国人对语句意义的整合和主客体融合关系的强调。西方民族则强调人与自然的对立，对思维的主体和客体有严格的区分，所以英语中的主动句和被动句有明显的标记特征。

汉民族较注重主体思维，而西方民族则较注重客体思维。两种思维方式的差异反映在语言上，会产生这样的现象：汉语经常使用有灵主语（animate subject），即主语由具有生命的人和动物来充当，而英语中经常使用无灵主语（inanimate subject），即主语由无生命的物体或者是抽象的概念来形成。汉语更倾向于在句子中使用主动的语态，这更具有主观性，而英语比汉语更倾向于使用被动的表达，被动表达更具有客观性。

四、英汉思维模式差异在语言结构上的表现

思维模式的差异在语言的表达、词语的形成和词句的位置上有所展现。这里

表达的重点是句法结构和表达上英语和汉语有什么样的明显差异，因为这些是思维模式上最具特色的差异。

（一）形合逻辑与意合逻辑的表现

英汉两种语言之间最显著的区别，无论是从单个句子的内部结构分析还是从句子的结构来看，都是英语重形合（hypotactic），汉语重意合（paratacpic）。这是因为英美的分析思维倾向于使用理性的思维方式，强调经验性的、形式上的逻辑推理，而中国的整体思维较为倾向于运用一种强调思想流动的思维方式，不太重视逻辑上的形式推理。英文句子重形合，强调完整的结构和精准的形态，而中文句子则重意合，看重在表达过程中内容和意义的完整。英语句子的句法结构和信息的传达都是以单词的形态变化为基础的，这些变化是明确的、多样的，并可以将意义和形式联系起来。在汉语的表达过程中，要使用意义的整合来进行句法的构造和语义信息的表达，这些变化不太直接，以意义来统一形式。英语是具有极强的形式和逻辑的，有严格完整的句法结构，语句的中心是限定的动词，重分析轻意合；而汉语对句子的形式要求不是很高，句法结构不那么完整，动词的作用也不如英语中动词的作用大，重意合轻分析。英语句子结构最重要的特点是空间上的构架，即主干是以谓语动词为中心的主谓结构，而其他成分则由大量的动词不定式、分词、介词、连词、副词等组成，形成从中心向外开放的空间格局。汉语句子的特点是句子中的各个部分按时间顺序排列，即按顺序使用多个动词，或者用流动的句子，把事情一个接一个说清楚，层层递进，呈现出按时间发展推进的流动模式。这就是为什么复合句已成为英语的一个鲜明特点，而连续和变化的句子则是汉语的一个特点。

（二）从部分到整体与从整体到部分的表现

英美国家的人习惯从小到大的顺序，从局部开始，从部分到整体，强调严谨的结构和行为方式。而中国人则采用整体的思维，从整体出发，从整体走向部分，强调整体平衡和整体的程序。语言的发展也受到这种思维模式差异的影响：在汉语中，时间或空间是由大到小的顺序进行排列的，而在英文中，往往呈现出从小到大的顺序。例如，中国时间的顺序是年、月、日、小时和分钟，而英美时间的顺序是分钟、小时、日、月和年。中国人表达空间的顺序是：国家、省、城市、街道；英美人则相反：他们表达空间的顺序是街道、城市、省、国家。这种理念也影响着人际交往过程中的表达方式，中国人是按照姓、辈分、本名的顺序，而英美人是按照本名、中间名、姓氏的顺序。此外，在日常表达中，中文句子通常将时间和地点的状语从大到小排序；英文句子则相反，是从小到大。例如："上星期一每过两个小时我就要在那儿坐一会。"（I sat there for a while every couple of hours on Monday last week.）

（三）直线思维与曲线思维的表现

英美人在表达自己想法时思维更加直接，他们习惯于在句子开头强调一句话的主要内容，开门见山，然后逐一填写不同的句子部分，而中国人则习惯于从外部说明和外围环境展开，最后再说明自己想要表达的最终目的。换句话说，英语话语的结构是线性的，而汉语话语的结构是螺旋式的。这种差异体现在：英语的话语结构大多是前向的，而汉语的话语结构大多是后向的。例如："He had flown in just the day before from Beijing where he had spent his vacation after the completion of the construction job he had been engaged in."而使用汉语则表达为"他原来参加一项建筑工程，任务完成之后去北京度假，前一天才坐飞机回来"。

（四）抽象思维与形象思维的表现

英美人在表达具体事物的时候会使用抽象的概念，这也是他们较为重视抽象思维的体现，而中国人在表达抽象概念时更习惯于使用形象的方法，对纯粹意义上的抽象思维不太重视。这体现在英语里经常使用抽象、笼统的术语来泛指和表达复杂的理性概念，而汉语则更习惯于使用具体、形象的词语来表达具体和抽象的概念。例如：I Popular rejoicing will go on for a week throughout the country.（在全国，庆祝活动将持续一个星期之久。）英文中的抽象名词"rejoicing"（庆祝）译成汉语加上了具体化的名词"活动"。

五、思维模式差异对翻译的影响

翻译不仅是语言上的翻译，还是思想和思维的翻译。语言之间的转换以思维模式为基础，这意味着思想之间的差异可能会影响到语言的翻译过程。英汉思维的不同会给英汉翻译的过程带来困难。

(一)理解方面的影响

由于英美国家的人经常使用抽象的思维,抽象的表达方式在英语中使用得相当多;中国人比较习惯使用形象的表达方式,汉语中往往缺少一定的抽象表达方式。因此,在翻译的过程中,汉语很难将英语中抽象的表达完整地翻译出来,同样地道理,中文中的许多具体的表达也很难用英语的抽象思维体现出来。

"菱很小,但很嫩,吃到嘴里满口生香。"(Hough the water chestnuts were small, they were tender and delicious.)中文里的"吃到嘴里满口生香"属于一个具体的描述方式,如果采用直译的方法,难免使译文含糊冗长,所以翻译成抽象描述可以直接使用 delicious,是一种较为抽象的翻译方式。

英美国家的人更看重句子中的形式逻辑,英语的语法中经常使用形式连接手段,内涵有较多的层次,翻译过程中往往需要多次的调整。例如:My friend and I had just finished lunch at an expensive restaurant when we realized that we didn't have enough money to pay the bill.(我和我的朋友刚在一家高级餐厅吃完午餐,发现我们没有足够的钱付账。)英文连接词"when"在句中很容易被翻译成"当……时"的意思,这种翻译并不能符合原文的意思。事实上,主句不是这个句子的核心,而是以"when"为首的从句。

(二)表达方面的影响

英汉句法结构上最主要的差异是英语重形合,汉语重意合,这样的差异会给翻译的工作带来困难。英语重形合,汉语重意合之间的负迁移,严重影响了译文的准确性和流畅性。从英语翻译成中文时,没有必要将大量的形式连接词翻译成中文,但必须在字里行间用语义连接词表达出来;从中文翻译成英语时则相反。例如:"The weather was so hot that he found it difficult to stand it."如果使用逐字逐句翻译的方法,就会形成这样的翻译:"天气是如此热,以致他感到难以忍受",那么句子中的英文习惯表达是"如此……以致……",这样的翻译会让人感到十分生硬。因此,可以使用这样的翻译:"天气太热,他感到难以忍受",这样的翻译就避免了翻译的机械性弊端。

在英语句子中,主谓词语具有比较重要的核心作用,基本的主谓结构在句中也比较突出;而在汉语句子中,有些句子比较松散,甚至主语缺失了也没有什么关系，翻译上的困难就是由表达的差异形成的。比如说："不一会儿，北风小了，路上浮尘早已刮净，剩下一条洁白的大道来，车夫也跑得更快。"该句汉语被英译成："Presently the wind dropped a little, the loose dust had been blown away, left the road way clean, the rickshaw man quickened his pace."在此译文中汉语的表达方式并没有变，动词完全为限定动词的过去时态，各个分句之间缺少连接的词语，不是地道的英语表达方法。应改译为："Presently the wind dropped a little.By now the loose dust had all been blown away, leaving the road way clean, and the rickshaw man quickened his pace."

在日常的英语教学中，应着重说明英汉思维方式和表达方式的差异，注重讲授母语与译入语之间修辞方式的不同，这样做的目的是从一开始就将思维模式引起的负迁移进行有效的预防。

在翻译的过程中一定不能忽视思维模式的差异，因为思维的差异影响着翻译的准确与否。因此，在语言教学和实践的过程中，我们不仅要对语言和文化现象进行分析，还要对人们认识世界的思维方式有所研究。在英汉的实际翻译过程中，要注意英汉思维存在的差异，按照不同语言的表达习惯进行翻译。只有正确理解了英美国家的语言、文化和思维方式，将思维差异产生的干扰降到最低，语言之间的翻译才能变得恰当和自然。

第三章 文化与英语翻译研究

本章内容为文化与英语翻译研究,主要从四个方面进行了介绍,依次为文化概述、文化翻译的理论知识、英语翻译中文化的承载、文化翻译的误区及影响因素。

第一节 文化概述

一、文化的定义

文化涵盖的范围广泛,易于感知却难以把握,这种复合性决定着要对其下一个完整准确的定义并非易事。中外学者对文化的表述不尽相同,下面选取其中几种进行说明。

最早具有科学意义的文化定义,是英国文化人类学家爱德华·泰勒(E.B.Tylor)在《原始文化》一书提出的。他认为,文化和文明是一个复合的整体,这个概念的确定要从广泛的民族学意义上出发,文化中包括知识、信仰、艺术道德、法律、风俗以及其余社会上学得的能力与习惯。[1]

人类学家阿尔弗雷德在总结前人基础上,对文化提出了较为全面的定义,主要包括以下几个方面。

(1)表面的和内在的行为模式构成了文化。

(2)文化获得和传递的过程要借助象征符号的实现。

(3)人类文明取得的显著成就形成了文明,文明也体现在人造物之中。

(4)传统的观念形成了文化的核心部分,这些观念包括历史的获得和选择的观念,而且传统观念对文化有非常重要的作用。

---

[1] (英)爱德华·泰勒著;蔡江浓编译.原始文化[M].杭州:浙江人民出版社,1988.

(5)行为的产物导致了文化体系的产生,另外,行为也被文化体系所影响着。

阿尔弗雷德的定义指出了文化的符号性,强调其产生过程,同时还指出了文化对人类生活的反作用。

联合国教科文组织在《世界文化多样性宣言》中对文化的定义也有所阐释:文化是构成一个社会或社会群体的精神、物质、智力和情感特征的集合。文化不仅包括艺术和文学等形式,还包括生活方式、共同规范、价值体系、传统和信仰等内容。[①]

虽然不同的专家和组织对文化的定义表述不同,但是从大的层面上可以将文化分为广义文化和狭义文化两种。人类社会实践中产生的物质和精神财富汇总在一起就形成了广义上的文化;与社会意识形态有关的制度和组织机构是狭义的文化概念。

二、文化的特征

文化在长期发展过程中,衍生出了自身的特征,下面对这些特征进行总结。

(一)传承性

文化是在人类进化过程中所衍生和创造出的一种带有传承性的习得方式。这种传承性表明文化的非先天遗传性。人们在社会生活和交往过程中,依靠不断传承的文化得以生存和发展。

这种传承性承担着人类生活的基本职能,帮助人们应对生存困境和解释生命过程。在这个过程中,人们的共同价值体系得到了构建,同时又反过来约束人们的行为。正如布莱斯林所说:"如果某些价值观已存续多年并被认为是社会的核心理念,则这些价值观一定会代代相传下去。"

(二)民族性

文化往往是以民族的形式出现,是特定群体和社会成员所共同接受和共享的,这种民族性表现在以下几个方面。

第一,同一民族使用的语言相同。

---

① 联合国教科文组织.世界文化多样性宣言[C].民族文化与全球研讨会资料专辑,2003,13–15.

第二，同一民族中风俗习惯也是统一的。

第三，同一民族在心理素质和性格上具有极大的相似性。

通过上述可知，文化是以民族为中心的，这是文化的根本属性。

（三）稳定性

每一种文化都有着内部稳定的文化结构，如习俗、道德、世界观、人生观等，这种稳定性是文化得以发展的根基。

但是需要指出的是，文化的稳定性并不是指文化一成不变。文化是在稳定的基础上不断吸收外来文化，从而保持自身结构的稳定与平衡。社会生产力、科学技术、新的观念、政治格局等因素都可能推动文化的发展。这种发展是文化表层结构的变化，但是内在文化根基保持不变。

（四）整体性

文化是不同的要素共同组成的一个整体，各个结构互相连接，各个功能相互依存，这就是文化的整体性。

在文化整体性的影响下，研究者对文化的任一信息系统进行研究，最终都会展示出文化的完整图景。同时，文化的任何一部分的变动，都会对其他部分产生一定的影响。

三、文化的分类

文化包含的内容复杂多样，关于文化的分类也不尽一致。以下是最常见的几类文化。

（一）主流文化与亚文化

一种文化系统内部结构复杂，往往呈现出多姿多彩的内容。在中国，这种情况表现得尤为明显。如中国东、西、南、北地区的口音各异，饮食和穿着也有很大差别。提到东北人，大家会想到他们的豪爽、乐于助人和不拘小节。提到北京人，人们会想到他们的京腔、京调。提到中国的 56 个民族，人们会想到各个民族，尤其是少数民族色彩斑斓的服饰和具有民族特色的舞蹈。中国幅员辽阔，文化内涵也包罗万象。如果把中华文化称为主流文化（main-stream culture），那么那些地方性的、群体的、各个民族的文化就是亚文化（sub-culture）。

亚文化可以按地区特性和社会特性分为两类。按地区特性划分，中国的关东文化、齐鲁文化、岭南文化、江淮文化都是典型的代表。这些区域都有自己独特的饮食、口音方言以及价值观等。但是，这些文化都孕育在中华文化的母体之中，与母体有着千丝万缕的联系。然而随着各个地区交流的不断加深，各个地区之间的文化融合也越来越深入，文化之间的差异不断缩小，这就导致了地区亚文化的特性不断减弱。如何保持亚文化特性就成为一大难题。

按社会特性（如性别、年龄、职业、社会阶层等社会因素）划分，这一类亚文化的代表包括"城市文化和农村文化""青年文化和老年文化""精英文化和大众文化""白族文化和土家文化"等。

（二）知识文化与交际文化

从文化各个要素的功能和特点出发，文化可以分为知识文化和交际文化两类。为便于区分，人们习惯上将文化分为两类，把社会、政治、经济、文学、艺术、历史、哲学、科技成就等称为知识文化（intellectual culture）；把社会习俗、生活习惯、思维方式及行为准则等称为交际文化（communicative culture）或常识文化。

所谓知识文化，主要是指非语言标志的，在跨文化交际中不直接产生严重影响的文化知识，主要是呈物质表现形式，如文物古迹、艺术品、实物存在等。交际文化主要是指在跨文化交际中直接产生的影响，在语言中隐含有文化信息。它主要以非物质为实现形式。

交际文化又可以细分为外显交际文化和内隐交际文化。社会习俗、生活习惯和生活方式易于理解与把握，在人与人的交流中这些要素是最容易被察觉的。因此，我们将它们称为外显交际文化。而价值观、世界观、思维方式、态度情感、民族性格等则被称为内隐交际文化。因为这些文化不易被把握，是更深层、更为隐含的文化内涵。

（三）高语境文化与低语境文化

高语境文化与低语境文化是按照文化对语境的依赖程度进行划分的。语境是指语言交际中所依赖的背景环境，语境在交际中的作用非常重要，人们都是依赖语境进行交际的，只不过依赖程度不同。例如，亚洲的中国、日本和韩国属于高语境文化的国家，这些国家的人在表达自己的感情或看法时比较委婉含蓄，交际信息隐藏在参与者的头脑里或大量的信息隐含在语境中，而在其言语中含有很少的信息。在低语境文化的国家（如美国、瑞士、加拿大），人们之间历史的传承差异较大，这样就造成共同体验的缺位。所以，这些国家的人们在交往时就会尽可能说出更多的信息。高语境文化的民族从高到低排列为日本、中国、朝鲜、非裔美国人。低语境文化的民族从高到低依次为德裔瑞士人、德国人、斯堪的纳维亚人、美国人、法国人等。其中阿拉伯人、希腊人、英国人等位于这两种语境文化之间。

（四）物质文化、制度文化和精神文化

按照文化的表现形式可以将文化分为物质文化、制度文化和精神文化。这种分类方法是当今比较流行的"文化三分法"。

物质文化是指完全有物质载体的文化，也就是物化形式的文化。这些物质具有独特的文化特点。例如，北京的四合院、流传下来的笔墨纸砚、景德镇的陶瓷、交通工具等都是物质文化的范畴。制度文化是指人类为了自身发展而创造出来的制度体系，它包括所有制、管理机构、国家的行政管理体制、法律制度和民间的礼仪习俗等。精神文化，也被称为"观念文化"，在文化中属于意识形态的部分，是人们理解主体和客体之间的关系并实现自我价值、进行自我完善的知识手段，包括哲学、文学、艺术、道德、伦理、习俗、价值观和宗教信仰等内容。换言之，它是人们通过思维活动所形成的精神产品，如价值观、思维模式、审美水平、道德伦常、宗教信仰以及哲学、科学思想、文学艺术观念等。

（五）公开文化与隐蔽文化

文化存在于公开文化和隐蔽文化的两个层次之中。公开文化是清楚可见的，隐蔽文化不易被人发现，专门从事文化行业的观察者也很难发现隐蔽文化的踪迹。也就是说，公开文化是易于被人们所接受和理解的，如服装、道路、建筑物、饮食、家具、交通工具、通信手段、街道等，这些暴露的物质文化都可以被称为公开文化。这些文化的特点是直观，文化内涵易于掌握。与公开文化相对的隐蔽文化是指深层次的文化，这些文化不易察觉和掌握。例如，风俗习惯、价值观念等。要想知道一个国家、一个民族，甚至一个人有什么样的价值观念，需要通过漫长

时间的观察与体验才能得出结论。隐蔽文化看似对人们的日常生活没有什么作用，但实际上它对每个人都有着潜移默化的深层影响。尤其是价值观对人的影响最大，价值观影响人的世界观、宗教观、婚姻观、道德观等方方面面。所以说，隐蔽文化才是一个人或者一个民族发展的关键，也是文化的内核和基石。

（六）高层文化、低层文化、深层文化和民间文化

按照文化的层次可以将其划分为高层文化、低层文化、深层文化和民间文化。高层文化（high culture）也称"精英文化"，这类文化通常是指比较高雅的文化内涵，如文学、艺术、建筑、宗教等。低层文化（low culture）是与高层文化相对的文化内容，通常是指一些低劣的、粗鄙的文化内涵。例如，不文明的话语、不礼貌的行为等。深层文化（deep culture）又称"背景文化"，意指隐而不漏的、起决定和指导作用的文化内涵，包括思维模式、心理结构、价值取向、世界观、态度情感等。民间文化（folk culture）又称"通俗文化"，通常是指与人民大众生活有紧密联系的文化内涵。例如，生活方式、风土人情、社会准则等。

（七）大文化和小文化

从语言学角度讲，有的语言学家把文化分为两大范畴：大文化（big culture）和小文化（small culture）。大文化包括语言和其他的文化现象；小文化是指非语言文化现象，与语言是并列关系。

第二节　文化翻译的理论知识

一、文化与翻译的关系

文化与翻译都在语言形成与交流中发挥着重要的影响作用，二者相互作用、相互促进。下面就对文化与翻译的关系进行总结。

（一）文化对翻译的影响作用

文化对翻译的影响作用主要体现在对翻译过程的影响和对翻译形式的影响两个方面。

1. 文化对翻译过程的影响

翻译不仅仅是单纯的两种语言之间的转换，同时还是不同文化背景之间的转换。可以说，文化对翻译过程有着重要的影响作用。

在具体的翻译实践过程中，译者需要考虑具体的交际语境，在文化共识的基础上，对译文进行有针对性的翻译，从而使译入语读者了解原文信息，明确作者所要表达的感情。

翻译主要包括理解和表达两个关键步骤，对文章的理解是译者进行翻译的前提，表达是翻译的最终结果。这就是说，译者要从原文中找到和译入语文化背景相关的部分，针对原文中的文化特色，使用体现译入语国家的生活模式的语言进行得体翻译。在文化对翻译过程的影响下，翻译应该主要分为以下步骤进行。

第一，准确分析和翻译源语中的文化信息。

第二，考虑文化交流的目的。

第三，进行译文文化传达。

文化对翻译过程的影响除了表现在原文文化对译文表达的影响之外，还表现在译者自身文化背景对翻译过程的影响。

译者在翻译过程中，处在自身文化个体身份下，自己的文化取向会在一定程度上表现在翻译过程中。这种影响具有积极和消极两方面。译者应该正视自身的文化身份，进行灵活翻译。

2. 文化对翻译形式的影响

文化对翻译形式的影响主要是文化强势与弱势的作用。译者在翻译过程中，也会受到文化强弱的影响。这是因为翻译过程带有目的性和倾向性。一般来说，人们总是试图选择强势文化下的作品进行翻译。

翻译本身带有一定的目的性与倾向性，这种文化活动的进行会在一定程度上影响译者的选择。以文学翻译为例，其基本都是在不同时期选取一些强势文化下的作品或是影响力强的作品。这种文化强势对翻译形式的影响主要体现在语言的对译过程中。

例如，当罗马人征服希腊之后，以胜利者的身份自居，这种文化强势在对希腊作品的翻译中可见一斑。罗马人以文学战利品的态度对待希腊作品，翻译时十分随意。

（二）翻译对文化的影响作用

翻译对文化的影响主要表现在对语言表达的作用、对文学发展的作用、对文化交流的作用三个方面。

1. 翻译对语言表达的作用

在全球文化交流日益密切的今天，跨文化活动的数量也急剧增加。文化交流主要是通过语言进行的，而不同语言之间沟通的桥梁是翻译。在翻译的作用下，不同文化之间的沟通和往来更加密切，对语言表达也起到了丰富的作用。

2. 翻译对文学发展的作用

翻译对文学的发展也有着重大的影响作用。由于翻译的出现，不同国家的文学作品得以进行传播与交流，从而丰富了世界文学的发展。

例如，由于很多优秀的外国文学作品被介绍到中国，中国读者了解到了不同的文化，同时吸收借鉴外来文化中的优秀部分，结合传统文化进行创作，提升了我国文学的品质。翻译对文化发展的作用还表现在文化观念的交流与融合上。在翻译的中介作用下，新的文化观念不断涌现，使文学发展更加生机勃勃。

3. 翻译对文化交流的作用

翻译不仅是作品之间的传播、文化之间的传播，同时还是一种文化交流活动。只要语言文字不同，不管是在一个国家或民族内，还是在众多的国家或民族间，翻译都是必要的，否则思想就无法沟通，文化就难以交流，人类社会也就难以前进。

总之，翻译的实质是为了进行不同文化间思想的沟通与交流。翻译通过克服不同语言之间的障碍，改变语言的形式进行文化意义的传达。这种传达是一种文化的交流活动，沟通着不同文化，同时也丰富着自身文化。

二、文化翻译的原则

很多人都误认为翻译是一种纯粹的实践活动，根本不需要遵循任何原则，并提出了"译学无成规"的说法。还有不少人认为，翻译是一门科学，有其理论原则。然而，金缇和奈达在两人合编的《论翻译》中指出："实际上每一个人的翻译实践都有一些原则指导，区别于自觉和不自觉，在于那些原则是否符合客观规律。"[1]

---

[1] 金缇，奈达. 论翻译[M]. 北京：中国对外翻译出版公司，1984.

可见，翻译原则是指翻译实践的科学依据，是一种客观存在。历史上大量的翻译实践也证明，合理地使用翻译原则指导翻译实践活动会收到事半功倍的效果。

同样，基于文化差异下的翻译活动也必须遵循一定的原则。奈达在《语言文化与翻译》中提出，翻译中的文化因素应该受到更多的重视，他进一步发展了"功能对等"理论[①]。奈达认为可以将文化视为一个符号系统，在翻译的过程中可以把文化的作用看作和语言一样重要。因为翻译随着文化间之间的交流而产生并发展，翻译的目的是将一个民族的文化传递给另一个民族的文化。因此，翻译是两种文化之间交流的桥梁。据此，有专家从跨文化的角度把翻译原则归结为"文化再现"，分别指如下两个方面：再现源语文化的特色和再现源语文化的信息。

三、文化翻译的策略

在跨文化翻译过程中，干扰翻译的因素有很多，这就需要译者灵活地处理，运用恰当的翻译策略。

（一）归化策略

归化策略是指以译语文化为归宿的翻译策略。归化策略始终恪守本民族文化的语言习惯传统，回归本民族语地道的表达方式，要求译者学习目的语的习惯和用法，在翻译过程中要使用目的语读者习惯的方式进行表达，即使用一种极其自然、流畅的本民族语表达方式来展现译语的风格、特点。归化策略的优点在于可以使译文读起来比较地道和生动。

另外，对于一些蕴含着丰富的文化特色、承载着厚重的民族文化信息和悠久文化传统的成语与典故，也可采用归化翻译策略。例如：

Fish in troubled waters. 浑水摸鱼。

Drink like a fish. 牛饮。

Where there is a will, there is a way. 有志者，事竟成。

Make hay while the sun shines. 趁热打铁。

There is no smoke without fire. 无风不起浪。

seek a hare in hen's nest. 缘木求鱼。

---

① （美）尤金 A. 奈达著；严久生译. 语言文化与翻译 [M]. 呼和浩特：内蒙古大学出版社，1998.

Fools rush in where angels fear to tread. 初生牛犊不怕虎。

当然，归化翻译策略也存在着一定的缺陷，即它滤掉了原文的语言形式，只留下了原文的意思。这样，译语读者就很有可能漏掉一些有价值的东西。如果每次遇到文化因素的翻译，译者都只在译语中寻找熟悉的表达方式，那么译文读者将不会了解源语文化中那些新鲜的、不同于自己文化的东西。长此以往，不同文化间就很难相互了解和沟通。

以霍克斯对《红楼梦》的翻译为例，从其译文中可以感受到好像故事发生在英语国家一样，具有很强的可读性，且促进了《红楼梦》在英语世界的传播，但其也改变了《红楼梦》里丰富的中国传统文化内涵。

（二）异化策略

异化是相对于"归化"而言的，是指在翻译时迁就外来文化的语言特点，吸纳外来语言的表达方式，要求译者向作者靠拢，采取相应于作者所使用的源语表达方式来传达原文的内容。简单地说，异化，即保存原文的"原汁原味"。异化策略的优势是，它为译入语文化注入了新鲜血液，丰富了译语的表达，也利于增长译文读者的见识，促进各国文化之间的交流。

（三）归化与异化相结合策略

作为跨文化翻译的两个重要策略，归化与异化同直译与意译一样，属于"二元对立"的关系，二者均有自己适用的范围和存在的理由，然而没有任何一个文本只用归化策略或者异化策略就能翻译，因此只强调任意一种都是不完善的，只有将归化和异化并用，才能更好地为翻译服务。归化与异化结合策略有利于中国文化的繁荣与传播。随着中国在经济与政治上的强大和全球一体化的深入，世界文化交流日益加强，中西文化的强弱被渐渐淡化。翻译家们越来越尊重源语的文化传统，采用"异化"翻译，尽可能地保留源语文化意象。例如，北京奥运会吉祥物"福娃"的国际译名，经过多方的商议，最终由 Friendlies 更改为 Fuwa。

（四）文化调停策略

文化调停策略是指省去部分或全部文化因素不译，直接译出原文的深层涵义。文化调停策略的优势是，译文通俗易懂，可读性强。当然，文化调停策略也存在一定的缺陷，即不能保留文化意象，不利于文化的沟通和交流。

第三节 英语翻译中文化的承载

一、翻译中的跨文化传播

（一）翻译与跨文化传播的共同特征

从文化传播的角度出发，传播就是在操纵一个系统（信源）时，使用可选择的符号对另一个系统（信宿）产生影响，在符号使用的过程中可以利用连接符号的信道进行传播，这样做的目的是实现信息之间的交流和共享。信息交流的过程也是一个编码和解码的过程，包括信源、信宿、信号、信道、噪音等要素的参与。翻译，是一种信息传播和交流活动，具有跨文化和跨语言的特点，翻译的意义不仅仅是传统意义上的把一种语言的言语产物在保持内容不变的情况下，转化为另一种语言的言语产生过程。

在了解翻译的跨文化交际性质之后，可以将翻译看作是语言之间传递信息的一种特殊形式，这种方式与语言行为、决策密切相关。这意味着翻译具有一般的传播性质，但与普通传播不同的地方是，翻译发生在两种语言文化之间，操作者必须选择在文化上进行语言符号的转换，而不是对原始语言符号系统进行简单修改。由于翻译是一种跨文化的信息传播形式，翻译活动和跨文化交际活动会存在很多共同之处：两者都属于社会信息传递的形式，表现为传播者、传播渠道、传播方式、编码译码、受传者等许多类型的关系，是一种由传播关系塑造的动态的、结构化的信息传递过程。

语内翻译、语际翻译和符际翻译是翻译的三个种类。根据这种分类的方式，人类文化中传播活动的所有方面都被翻译活动包含了，可以说，我们在生活中每时每刻都在进行翻译的活动。事实上，翻译与跨文化交流的关系非常紧密，是互相包含的关系。因此，跨文化交流和翻译在各种方面都体现出了相同的特征。

1.翻译与跨文化传播都离不开语言和符号

没有媒介和符号，传播就不可能发生，媒介承载符号，符号承载信息。符号和媒介是所有传播活动得以发生的桥梁。信息是传播的核心,传播是一种信息改变位置的过程。在人类社会的传播活动中,没有信息就不会产生传播的活动,没有传播活动信息也不能长久的存在。符号是文化存在的形式,传播是文化产生的最终目的。符号的存在意义要靠传播才能实现,文化缺少传播的作用也会失去存在的可能。通过这些语言和人类在实践中创造的符号,人们才可以利用语言和符号进行信息的交流、价值观的传递、意义的重构,这个过程被称为跨文化传播的活动。作为跨文化交流的主要手段,翻译在众多因素中更加依赖语言和符号的使用。没有语言和符号,翻译是没有办法进行的。

2. 翻译与跨文化传播都具有目的性

跨文化传播是一个自觉的人类活动,具备有意识、有目的的特点,传播主体希望通过跨文化传播活动达到一定的效果和目的。跨文化传播可以说是一种在异质文化之间动态传递信息、思想和情感的社会活动,此活动有利于人类之间的沟通和交往。同样,一定的意识支配着人类的翻译活动,翻译活动具有一定的主体认知性,并且按照一定的目的和方向进行,这意味着跨文化传播和翻译的过程都必须依靠一定的意图开展。在跨文化传播中,传播者收集、选择、处理和加工不同种类的信息,在这个过程中体现着一定的目的,因此每一个环节都是一种利用能动性的文化创造活动。

3. 翻译与跨文化传播都具有互动性

翻译和跨文化传播,是译者(传播者)和读者(接受者)之间的信息交流过程,也叫作双向的信息交流过程。在一般情况下的人际沟通和信息交流中,主要有两种交流的方式:无反馈的单向式交流和有反馈的双向式交流。单向直线性传播模式,是一种区分了传播者和接受者的固定位置和角色的传播模式,但是在这个过程中缺乏对传播者和接受者的角色转换认识。在双向式传播交流中,传播者和接受者的角色是对等的,双方在交流的过程中使用相同的编码、解码和译码方式。"动态对等"意味着译文读者在看译文时,感受和原语读者一样。译文质量的控制是基于比较译文读者对译文的理解和原文读者对原文的理解之上,只有当读译文的读者充分理解了译文的涵义,才能明确地评估译文的质量是否过关。这种对译文与译文读者之间以及原文与原文读者之间互动效果的强调,是对传统"作者—文本—译者"单向分析模式的改进。

由于文化是动态发展的，总是在传播过程中变化，而且文化有多元和异质的特点，其传播具有互动和双向的特点，甚至传播的过程具有多个维度，所以，互动性也是跨文化传播和跨文化翻译共同拥有的特征。

（二）翻译的跨文化传播属性

进入21世纪，也就意味着文化的发展进入了全球化的发展阶段，人类生活的各个方面都受到了跨文化发展的影响，改变着我们思维和行为的方式。在当今社会，文化差异是一个无法规避的话题，并可能成为未来世界产生冲突的主要原因之一。为了让爱、理解和和平的观念充满整个世界，我们就要掌握跨文化传播的重要方法。然而，在跨文化传播的过程中，人们通常通过文字上的翻译实现相互之间的理解和交流。我们在日常生活中的跨文化交流基本会使用翻译和写作的形式，因此翻译的研究要与跨文化传播进行有机结合，结合的目的就是为翻译研究开拓新的方向和丰富研究的内涵。

作为跨文化传播的主要形式之一，翻译的传播过程当然符合跨文化传播的基本特征。如果从跨文化传播的角度来分析翻译活动中包括的不同要素，我们会发现具体包含八个要素：谁传播（who says）、传播什么（what）、通过什么媒介传播（through which channel or medium）、以何种方式传播（in what way）、向谁传播（to whom）、传播的目的是什么（for what purpose）、在什么场合下传播（in what circumstance）以及传播的效果如何（with what effects）。这八个要素共同构成了跨文化传播过程的一个有机整体，要素之间不仅相互联系，还彼此制约。我们还将从翻译主体、翻译内容、翻译渠道、翻译模式、翻译对象、翻译目标、翻译语境和翻译效果这几个角度来考察翻译活动及其动态特征，并通过这八个要素来评价翻译的效果。

这八个要素与跨文化传播相对应，它们之间存在着非常密切的联系，从另外一个侧面也说明了跨文化传播的特征。事实上，跨文化传播的过程不能脱离翻译活动，而翻译本身就是跨文化交流的一种方式。

（三）翻译对跨文化传播的影响

翻译是不同民族跨文化交流和传播的最主要方式，不可否认，翻译对跨文化传播有着重大的影响。

1. 翻译目的影响文化传播

翻译是人类社会在跨文化交流中主要使用的一种特殊交流手段。所有的活动都有其目的，同样的，翻译活动也有其目的，它要为译者及其所处社会的政治、经济和文化利益提供一定的便利。如果我们以西方国家过去以及现在的翻译实践为例，从翻译目的论的角度可以看出，在很多情况下，西方在翻译的过程中会使用双重的标准：在翻译来自发展中国家的作品时，有时在无意或者有意的目的下放弃"忠实"的这一基本翻译原则，并且放弃了很多基本的翻译标准，将原作"去民族性"，甚至删改了许多原著的内容，而在发展中国家引进西方国家的作品时，却开始强调"忠实"的翻译原则了。这样做的目的是突出西方文化的重要性，维护其强大的文化地位，并在暗处不断推行文化殖民活动。翻译自我服务特点的一个典型例子是，古罗马人对古希腊文化的翻译行为。古罗马人征服古希腊后，发现古希腊的发展要发达于古罗马文化，并且具有灿烂的文化成果。从公元3世纪起，罗马人开始在其本土采用希腊文化，翻译并大量使用希腊的典籍，继承希腊文化的方式就是翻译和模仿，他们在翻译过程中任意改造原作，不顾其完整性。

这样做是为了证明罗马在文化层面也具有丰富的成果。古罗马的翻译完全是为了本国家社会、文化、政治和经济需要，不是出于交流的目的而进行的翻译，而是为了文化的挪用和占有。显然，跨文化传播中翻译的目的起到了重要的作用，不同的翻译目的对跨文化传播会产生不同的影响。只有出于正确的翻译目的，跨文化传播才能发挥出最有效的作用。

2. 翻译主体影响文化传播

在翻译的过程中，文化传播的效果会受到许多因素的影响，如传播的原因、目的和手段等。此外，翻译主体也是一个重要的因素。刘再复认为，人的主体性有两个方面：第一，人是实践主体；第二，人是精神主体。实践主体是指在实践过程中，人与实践对象建立了主客体关系，人是主体，实践对象是客体；人作为实践主体时，作为主体存在，并以自己的想法行动。所谓精神主体，是指在认识过程中，人与认识对象建立了主客体关系，人是主体，认识对象是客体，人以自己的方式思考和感受，人是精神的主体。总之，在认知、行动和思考的过程中，人都处于主体的地位，具有主体的力量和价值。译者作为翻译主体，他的文化意识往往影响着跨文化传播的效果，因为在跨文化传播过程中，译者的任务是正确、完整地解码源语言的文化信息,然后将接收到的、解码后的源语言的文化信息成功地编码到作为源主体的目标语言中,以便准确地传播给目标语言的读者。文化意识的内涵是指译者自己具有一定的翻译认知,能够认识到翻译的过程是跨越语言和文化的信息交流,文化差异与语言文字之间的差异一样,会成为交流的障碍,译者从语言到文本的翻译中,必须注意克服文化差异带来的影响,从而确保交流的顺利进行。文化信息传播的效果会受到译者文化意识的强弱影响。如果译者在翻译中具有良好的文化意识,就能以原作独特的文化视角解读文本,从而产生对源语言文化的充分认识和理解,使其在目标语言中得到适当的编码,实现有效的跨文化传播。反之,如果译者缺乏文化意识或文化意识的水平不高,在解码时很可能忽视其文化特征或欠额解码,反过来又会在编码过程中破坏文化意义,从而不利于有效的跨文化传播。因此,除了强大的"双语能力"之外,译者还应该提高自身的文化意识和"双文化能力"。

3. 翻译策略影响文化传播

归化和异化是两种主要的翻译策略。自 20 世纪 70 年代以来,西方文学和翻译研究出现了文化转向的现象,当代翻译理论中最热门的话题之一就是归化和异化的对立关系。一些学者认为,归化翻译公开采用保守的同化方式,使翻译的文本符合本土典律(canon)、出版趋势和政治要求,这种方式是为了符合目标语言如今的主流价值观。而异化翻译的原则是对目标语言价值观的偏离,保留原文的语音和文化差异。归化策略与异化策略相比,虽然归化策略更能够让读者理解文本的意思,更快地将文章通顺下来,但是不利于语言在跨文化传播背景中得到有效的传播。例如,在傅东华翻译的《乱世佳人》和罗新璋翻译的《红与黑》中,外国人的人名被归化为中国的名字,这个方式有助于中国读者在阅读时记住这些人名,更好地理解故事的情节,但却给读者一种主角是中国人的感觉。这当然不是跨文化交流和传播的目的。与之对立的,尽管异化翻译给译文读者在文化理解方面带来了困难,但异文翻译通过将源语言的文化图式完全转移到目标语中的方式,保留了外语的文化信息,可以帮助译文读者形成新的文化图式,能够达到跨文化传播的目的。

二、《论语》英语翻译与文化传播

我国古代的春秋战国时期是儒家思想起源的时期。儒家思想在千百年的发展过程中，不仅有利于国家和社会的稳定，而且对民族的思想文化形成也产生了深刻的影响。尽管《论语》的内容主要是对孔子及其弟子的言行记录，但从其中的对话可以学习到许多关于如何做人和成长的道理。《论语》随着历史的发展也成为我国传统文化发展的一个重要标志，近年来，我国与世界文化交流迈入了新台阶，《论语》在这个过程中也为我国的文化传播发展做出了重要的贡献。

（一）《论语》英语翻译概述

随着中外文化交流的不断深入发展，《论语》作为我国文化遗产中的典范，关于《论语》的英语翻译也是我国文化单位工作推进的重中之重。在翻译《论语》的过程中，一个重要的问题是相关文化部门在进行英译工作时如何进行准确的翻译。目前，我国国内对《论语》的英译进行了许多研究，各种研究机构从不同的角度和观点出发，提出了各种解决《论语》翻译的方案，为《论语》的分析和翻译以及相关文化传播工作的开展做出了巨大贡献。

1.《论语》译本研究

《论语》英语翻译工作发展中一个重要的环节就是译本的研究，译本研究能够加快翻译工作的进度。目前，《论语》英语翻译工作的开展中，翻译研究主要有两种形式：一种是对单一译本的研究，另一种是对两个或多个译本的比较研究。在对《论语》英译本的分析中，单个译本的分析旨在详细考察内容表达的效果和从译者视角出发对《论语》理解程度，而对多个译本的比较旨在评估翻译过程中，不同视角的效果和翻译思路的水平高低。

在使用英语翻译《论语》的过程中，很多学者结合了不同翻译者的观点，对不同的翻译视角进行了改进和发扬。一些翻译者翻译时，比较注重译本能否被读者更好地理解以及翻译出来的文本是否简洁，并将他们对孔子《论语》的理解与英语的表达方式相结合，从而开展翻译的工作。还有一些翻译者在将《论语》翻译成英文时，对《论语》中语句的深层内涵并不熟悉，因此，在翻译的过程中出现了许多内容和逻辑上的错误，对《论语》的文化发展产生了负面的作用。其他翻译者在翻译《论语》文章内容的同时，也会对《论语》的相关注释进行研究和翻译，通过使用相关注释来体现翻译的文化特色，减少读者学习和理解的难度。与其他几种翻译方法相比，这种翻译相关注释的翻译方法，在文化传播的过程中更具有竞争的优势，更能发挥翻译文本对文化发展和传播的作用。还有一些学者通过结合文本的注释和注释翻译来调整使用英文表达而产生的涵义差异，希望在保留我国传统文化特色的同时，也利用其他语言文化的魅力更好地传播《论语》的思想和文化。

比较《论语》的不同译本，我们可以总结出，不同《论语》译本在不同的视角看来各有各的缺点和优点。在《论语》的一些英译本中，翻译者非常注重对中国传统文化特色的保留，更加注重翻译内容和语境的细节，通过英语中的各种表达方式烘托中国文化的氛围。这种类型的翻译使其他国家的学者在研究过程中对《论语》中的一些内容和意义有了更准确的了解。但是，由于我国的文化体系与其他国家的文化体系从根本上就存在着不同，如果在文化的学习中，过于追求完全理解中国文化背景在故事中的作用，可能给文化的传播带来极大的困难。为此，一些翻译者努力使《论语》用英语读来是通俗易懂的，甚至在翻译过程中结合多类型的英语思维方式，以减少其他国家的学者进行译本研究的难度。这种翻译《论语》的方法大大降低了学习和理解中国故事的难度，但由于中西方思维模式和文化体系中存在着固有的差异，也导致文本本身的表述不能做到尽善尽美，不能完全反映中国文化的背景和故事的渊源。然而，这两种翻译方法也是目前《论语》英译本的两种主要翻译过程中采用的方法，两种不同翻译方法的发展有一定的差异，对我国传统文化发展也有一定的影响。原汁原味、特色鲜明的英译本可以更好地反映我们在文化传播过程中的文化差异，以及中国传统文化的特色之处，为其他国家的文化研究提供了适当的参考。另一方面，通过对《论语》文化内容的理解，并以"通俗易懂"为目标，做到将《论语》的文化内容与英语思维相结合，对《论语》的内容进行多样化的理解，非常适合用来吸引不同文化背景读者的阅读兴趣。

2.《论语》英语翻译中的翻译理论及策略

在《论语》的翻译过程中，要不断更新对相关翻译理论的知识储备，加强对不同翻译策略的分析，提高《论语》的翻译效果，翻译效果的提高不仅能够推动我国传统文化的传播，切实维护我国的文化特色，还能提高我国文化在世界文化中的地位。

许多学者对如何改进《论语》的英译水平提出了不同的看法。有的学者认为，《论语》的英译应该在翻译过程中从五个方面进行改进。（1）结合文化中的哲学理论，对《论语》中的文化艺术进行解读。（2）对《论语》的翻译和分析，应该从儒家的文化视角出发。（3）在翻译《论语》时，要结合中国特有的文化背景和相关文化成果。（4）从包容和接受的文化视角翻译《论语》，并结合其他文化体系的特点。（5）从其他文化背景的角度翻译《论语》，增强其对相关文化背景的适应性。然而，《论语》的翻译过程更加侧重于相关文化内容的表达。因此，可以使用儒家文化中的阴阳之道对文化内容进行总结和概述，目的就是使用不同的文化视角，对《论语》内容进行全面的展现。阴阳之道是儒家文化中一个非常重要的部分。此外，这种平衡而全面的思想文化体系与西方文化体系有很大不同，因此学习和理解《论语》的过程中能更好地促进人们的思维发展。

（二）《论语》英语翻译中的文化传播

1. 促进世界文化的多元化发展

中国是四大文明古国之一，在许多领域都做出了杰出的贡献，比如医药和人文思想领域。作为中国儒家文化遗产的重要传承典籍——《论语》中对孔子及其弟子的言论进行了记载，它主要通过对话、行为等方式展现出我国古代儒家文化的思想、观念、道德。对《论语》内容的翻译，可以在这个过程中实现中华传统文化的传播，可以更好地促进我国与不同国家的文化交流，促进中国儒家思想与其他国家的文化、哲学的融合和交流进程。不仅能够为儒家文化的发展注入一股新的动力，也将儒家文化融入其他国家的文化、哲学发展过程中，这是一个相互学习的过程，有利于多种文化的交流和融合发展，有效促进世界文化的多元化发展。

2. 能够帮助其他国家加强对中国文化的了解

儒家思想文化在中国文化的发展中起着非常重要的作用，对人文思想、政治和哲学等方面产生了深远的影响。利用《论语》英译本的文化传播作用，将《论语》的内容通过不同语言表现出来，在这个过程中也可以利用其他国家的文化思维进行文化的传播，可以帮助其他国家提高对中国文化的理解。为此，近年来许多西方学者也加强了对《论语》的翻译和研究，利用《论语》中的人文思想促进不同文化背景下的文化交流，加深了对世界各个国家的民众对中国传统文化的了解和喜爱程度。从我国文化传播的角度看，儒家文化是我国封建统治者巩固自身权力的重要工具，它深深影响了中国上千年以来的人文思想发展，儒家的思想已经融入我们生活中的方方面面。因此，我国是《论语》英语翻译和儒家思想传播的主要推动者，在世界文化不断融合和交流的过程中，要提高儒家文化和中国传统文化在世界文化舞台上的影响力。

第四节 文化翻译的误区及影响因素

一、文化翻译的误区

不同民族的特征可以从不同的文化中得以体现。不同民族的文化各有特性的同时，也有共性。不同民族间的文化差异源于不同的地理位置、不同的生存环境、不同的生活方式、不同的宗教信仰、不同的人生观、不同的价值观等。这种文化差异，使中西方对某些事情的认识和理解出现了偏差，有时还会造成误解。文化的独特性使翻译面临着许多问题，在众多时候，翻译的失误和不到位会导致翻译的误区，具体有以下表现。

（一）对原文文化不理解或理解不到位

当涉及文化层面的翻译时，若在翻译之前不能完全消化和理解原文的涵义，那么翻译出来的译文就无法准确地表达出原本的涵义。例如，"三角债"是经济改革后报纸上常用到的一个词，其译文 triangular debts 在表面上看似与原文一模一样。实际上对该词的涵义进行深入分析，就能找出问题出在哪里，因为通常情况下三角债涉及的企业大于三家。"三角债"仅仅是一种形象的比喻，其困难在于"企业间的互相拖延"，正确的翻译应该是 debt chains 或 chain debts。另一个例子是城市住宅区某某新村中的"新村"一词，人们通常会将其直接翻译为 new village，但只要对其涵义进行分析就能察觉到"new"的问题所在。我们通常所说的"新村"，只是习惯上的一个总称，这个词可以指一个新建成的住宅区，也可以指一个居住了数十年的住宅区。所以，我们可以把它译成 village 或 residential quarters。

（二）只注重字面涵义而忽略文化内涵的传递

在文化翻译中，直译的确是实现文化传播的一种重要方式。然而，如果直译仅限于简单的一对一字面翻译，其文化内涵将会严重缺失。比如将 call girl（应召女郎）译成"女传呼员"，将 gay marriage（同性婚姻）译作"幸福婚姻"，将"投资热点"（a region attractive to investors, popular investment spot）译为 investment hot pot 或 investment heat pot，英文 hot pot 往往指的是"可能发生动乱的地方"，而 heat pot 则指的是医学上的"热觉点"。

（三）忽略了读者的阅读心理和接受能力

不同国家和民族的语言和文化都有自己的特点，文化差异会导致东西方人对某些事物的认识和理解也会出现很大的偏差。因此，在翻译时应审慎对待不同的文化。译者要正确处理译文中的文化讯息，应从偏向译文、侧重读者的角度出发，在翻译的过程中也要同时兼顾读者的心理接受能力。换而言之，就是要用可接受的语言来传达原文的涵义。这种可被接受的语言，不仅仅是语言本身，更是语言所传达的信息，也就是译文可以获得读者心理上的认同和接受。但是，在实际翻译过程中，许多译者常常忽视了读者的阅读心理和接受能力，从而导致译文不能准确地传达出原文的文化意蕴。例如，如果将"制止野蛮装卸"直译为 check the barbarous loading and unloading，就会给外国人留下中国工人的职业道德有问题这么一个印象，然而实际上并不是这样。因此，正确的翻译应该为 put an end to the rash-and-rough way of loading and unloading。在对"亚洲四小龙"进行最初的翻译时，将其译为 Asian dragons 的说法就被众人所抗拒。因为有不少译者认为西方文化中的龙同中国文化不一样，象征着邪恶的 dragon 并不是很好的翻译，而应该使用 tiger 作为替代。

二、文化翻译的影响因素

翻译既是一种语言之间的转换活动，也是一种文化之间的信息交换活动。从某种程度上来看，译者对英汉文化差异的正确解读对翻译的成败起着至关重要的作用，概括来说，文化差异对翻译的影响主要体现在以下两个方面。

(一)文化误译

发生文化误译的原因是文化误读,指译者受本土文化的影响,习惯性地按照自身所熟悉的文化来对其他文化进行理解。文化误译是中国学生在英汉翻译中经常出现的问题。

在英汉两种语言的翻译教学中,老师要引导学生不断扩大英语的文化背景知识,使学生能够在英、汉两种语言的基础上,从不同的语境和不同的文化背景中,正确地把握原文涵义,并采取适当的翻译方法,避免"望文生义"。

(二)翻译空缺

翻译空缺是指任何语言之间或语言内部的交流都无法做到完全准确、对等,更何况英汉两种语言属于不同的语系,因此在英汉两种语言的交流中出现翻译空缺现象更为显著,给翻译的顺利进行带来了极大的困难。在英汉翻译教学中,教师应该提醒学生注意这一现象,英汉翻译中常见的空缺有词汇空缺和语义空缺两大类。

1.英汉词汇空缺

尽管不同语言之间存在一定的共性,但也存在各自的特性。这些特性渗透到词汇上,就会造成不同语言之间概念表达的不对应。这与译者所处的地理位置、自然环境、习惯的生活方式、社会生活关系密切。

有些词汇空缺是因生活环境的不同而产生的。例如,中国是农业大国,大米是中国南方主要的粮食,所以汉语对不同生长阶段的大米有不同的称呼,如长在田里的叫"水稻",脱粒的叫"大米",煮熟的叫"米饭"。相反,在英美国家,不论是"水稻""大米"还是"米饭"都叫 rice。

语言是随时间在不断演变的,当时代向前行进,科学技术不断进步发展的同时,新词语也随之涌现。比如"sputnik"这个词是在 1957 年 10 月成功发射了首枚人造地球卫星之后出现的。该新词诞生之后,很快就在世界上所有国家语言中出现了词汇空缺。再如,1957 年 7 月,当美国宇航员登上月球后,英语中首次出现了 moon craft(月球飞船),moon bounce(月球弹跳),lunar soil(月壤),lunar dust(月尘)等词,这也一度成为各国语言的词汇空缺。

因此,在英汉翻译教学中,教师应重视词汇空缺的渗透,要使学生对词汇空缺所产生的文化冲突进行仔细思考，并引导他们采取灵活的翻译策略，以达到解决问题和提高翻译质量的目的。

2. 英汉语义空缺

英汉语义空缺是指在不同的语言中，表达相同概念的词语在字面涵义相同，但其背后的文化意义却有很大的差异。就拿英汉两种语言中表达色彩的词语来说，它们的意思是一致的，但是在特定情况下，用来表示同一颜色的英汉色彩词会产生不同的涵义。例如：

black and blue 青一块，紫一块

brown bread 黑面包

green eyed 眼红

black tea 红茶

brown sugar 红糖

turn purple with rage 气得脸色发青。

因此，教师在日常的翻译教学中要不断引起学生对语义空缺现象的注意，遇到空缺时尽量寻求深层语义的对应，而不是词语表面的对应。

需要指出的是，语义空缺也体现在语义覆盖面上的不一致，也就是由于语言的发送者、场合等的差异，导致了不同语言中相同的概念产生不同的涵义。如英语中 flower 除了"花朵"这一名词涵义之外，还可以用作动词来表示"开花""茂盛""用花装饰"等涵义，而汉语中的"花"作动词时并不是类似的涵义，而是表示"花费""花钱"。相应的是，英语中的 flower 也没有如"花费"的涵义。由此可见，虽然英语中的 flower 和汉语中的"花"拥有相同的基本语义，但在具体的使用中存在着极大的差异。因此，教师应引导学生注意词语在语言交际中产生的实际语义，从而在翻译时实现语义空缺的弥合。

第四章 多元文化下的文化翻译

本章内容为多元文化下的文化翻译，主要从四个方面进行介绍，依次为物质文化与英语翻译、社会文化与英语翻译、生态文化与英语翻译、人文文化与英语翻译。

第一节 物质文化与英语翻译

一、服饰文化翻译

（一）直译

直译就是使译文在意义、结构两个方面都与原文保持一致。在进行服饰文化的翻译时，大多数情况下都可直接采取直译法。例如：

随即一个戴纱帽红袍金带的人揭帘子进来，把俺拍了一下，说道："王公请起！"（吴敬梓《儒林外史》第二回）

Then a man in a gauze cap, red robe and golden belt came in, who shook me and said, "Mr. Wang, please get up！"

一面说，一面见他穿着弹墨绫薄棉袄，外面只穿着青缎夹背心，宝玉便伸手向他身上摸了一摸，说，"穿这样单薄，还在风口坐着，看天风馋，时气又不好，你再病了，越发难了。"（曹雪芹《红楼梦》第五十七回）

Noticing that she was wearing a thin padded silk tunic with black dots under a lined blue silk sleeves jacket, he reached out to feel her clothes.

"You shouldn't sit in the wind so lightly dressed," he remarked. "If you fall ill too in this treacherous early spring weather, it will be even worse."

她（夏太太）穿着一件粉红的卫生衣，下面衬着条青裤子，脚上趿拉着

双白缎子绣花的拖鞋。(老舍《骆驼祥子》)

She was wearing a pink bodice, black trousers and white em-broidered slippers.

(二) 意译

由于英汉语言结构方面的差异，有时很难保证意义与结构的同步统一，此时为保证意义准确，可以舍弃一部分结构，而将原文的涵义如实传达出来，即采取意译法。例如：

(1) 刘姥姥见平儿遍身绫罗，插金戴银，花容月貌，便当是凤姐儿了。(曹雪芹《红楼梦》第六回)

Pinger's silk dress, her gold and silver trinkets, and her face which was pretty as a flower made Granny Liu mistake her for her mistress.

(2) 一日张静斋来问候，还有话说。范举人叫请在灵前一个小书房里坐下，穿着衰绖出来相见，先谢了丧事里诸凡相助的话。(吴敬梓《儒林外史》第四回)

One day Mr.Zhang called, and asked to speak to Mr.Fan. He was invited into a small library in front of the shrine. Presently Mr.Fan came out in his mourning clothes, and began by thanking him for all his assistance during the mourning.

(三) 改译

当在翻译过程中无法找到对等的表达方式时，译者应采取改译法，即采取灵活多样的处理方式，既将原文意义有效传递出来，又使译文符合译入语读者的语言习惯。例如：

(1) 坐了一会儿，院中出来了个老者，蓝布小褂敞着怀，脸上很亮，一看便知道是乡下的财主。(老舍《骆驼祥子》)

Presently an old man came out of the yard, he was dressed in a blue cotton jacket open in front and his face shone. You could tell at a glance that he was a man of property.

(2) 还是从火车说起吧！大约在我四岁多的时候，我坐过火车，当时带我坐车的人，是我的舅舅，叫张全斌，我记得那时我的打扮挺滑稽的，穿

着蓝布大褂、小坎肩。戴瓜皮小帽。(侯宝林《我可能是天津人》载自《散文佳作108篇》)

Let me begin with my trip on the train. When I was about four years old, I had traveled by train. The man I traveled with was my uncle Zhang Quanbin. I still remember how funny I looked the way I was dressed—in a blue cloth gown with a short sleeveless jacket over it and a skullcap on the head.

(四)解释性翻译

一个民族的服饰特点渗透着一个民族深厚的文化底蕴。在翻译具有丰富文化内涵的服饰时，为帮助译入语读者进行有效的理解，可在译文中进行适当解释。例如：

(1)(方鸿渐)跟了上桥，这滑滑的桥面随足微沉浮起，数不清的藤缝里露出深深在下墨绿色的水，他命令眼睛只注视孙小姐旗袍的后襟，不敢瞧旁处。(钱锺书《围城》)

As he followed her onto the bridge, the smooth surface gave ways lightly under his feet, then bounced back again. The inky green color of the water far below showed through the countless cracks in the rattan. He fixed his eyes on the back of hem of Miss Sun's Chinese dress (chi-pao) and didn't dare glance either side.

(2)那时天色已明，看那人时，三十多岁光景，身穿短袄，脚下八搭麻鞋，面上微有髭须。(吴敬梓《儒林外史》第三十九回)

It was light enough now for him to see this fellow: a man in his thirties with a stubbly growth on his chin, who was wearing a short jacket and hempen shoes.

二、饮食文化翻译

中国菜肴的命名方式多姿多彩，有的浪漫，有的写实，有的菜名已成为令人赏心悦目的艺术品。因此，在对菜名进行翻译时应具体问题具体分析，灵活运用多种翻译方法，概括来说包括以下几种。

（一）直译

以写实方法来命名的菜肴直接体现了菜肴的主料、配料、调料以及制作方法等信息。在翻译这类菜名时，可直接采取直译的方法。

（1）烹调法 + 主料名。例如：

盐焗信封鸡 salt baked Xinfeng chicken

脆皮锅酥肉 deep fried pork

清蒸鲈鱼腩 steamed perch-flank

清蒸桂鱼 steamed mandarin fish

五香兔肉 spiced hare

白灼螺片 fried sliced whelk

涮羊肉 instant boiled mutton

白切鸡 steamed chicken

（2）烹调法 + 主料名 +with+ 配料。例如：

红烧鲤鱼头 stewed carp head with brown sauce

杏仁炒虾仁 fried shrimps with almonds

蚝汁鲍鱼片 fried abalone slices with oyster oil

糖醋排骨 spareribs with sweet and sour sauce

奶油鱼肚 fried fish with cream sauce

草菇蒸鸡 steamed chicken with mushrooms

咸水虾 boiled shrimps with salt

酿豆腐 beancurd stuffed with minced pork

油焖笋 stewed bamboo shoots with soy sauce

（3）烹调法 + 主料名 +with/in+ 配料名。例如：

糖醋松子桂鱼 fried mandarin fish with pine nuts and with sweet and sour sauce

荷叶粉蒸鸡 steamed chicken in lotus leaf packets

冬笋炒鱿鱼 fried squid with fresh bamboo shoots

腐乳汁烧肉 stewed pork with preserved bean curd

滑蛋牛肉 fried beef with scrambled eggs

冬菇菜心 fried winter mushrooms with green cabbage

咖喱牛肉 fried beef with curry

辣味烩虾 braised prawns with chilli sauce

（4）烹调法＋加工法＋主料名＋with/in＋调料名。例如：

红烧狮子头 stewed minced pork balls with brown sauce

肉片烧豆腐 stewed sliced pork with beancurd

雪菜炒冬笋 fried cabbage with fresh bamboo shoots

碧绿鲜虾脯 fried minced shrimps with vegetables

鸡茸海参 fired sea cucumbers with mashed chicken

蟹肉海参 fried sea cucumbers with crab meat

青椒肉片 fried sliced pork and green chilli

蚝油鸡球 chicken balls with oyster sauce

（5）烹调法（＋加工法）＋主料名＋and＋调料名。例如：

凤肝虾仁 fired shelled shrimps and chicken liver

虾仁扒豆腐 stewed shelled shrimps and bean curd

红烧什肉虾仁豆腐 fried bean curd, shelled shrimps and missed meat with brown sauce

甲鱼裙边煨肥猪肉 stewed calipash and calipee with fat pork

（二）意译

以写意法来命名的菜肴常常为了迎合食客心理，取的都是既悦耳又吉利的名字，而这些名字则将烹调方式、原料特点、造型外观等进行了归纳，因此食客很难从名字上了解该菜肴的原料与制作方法。在翻译这类菜名时，为准确传达其内涵，应采取意译法。例如：

全家福 stewed assorted meats

龙凤会 stewed snake& chicken

一卵双凤 chicken steamed in water melon (two phoenix hatched from one egg)

雪积银钟 stewed mushrooms stuffed with white fungus

游龙戏凤 stir-fried prawns& chicken

(三)直译 + 意译

有些菜肴的命名采取写实与写意相结合的方法,既可以展示主要原料与烹调方法,又具有一定的艺术性。相应地,翻译时应综合运用直译法与意译法,以更好地体现菜名的寓意。例如:

木须肉 fried pork with scrambled eggs and fungus

炒双冬 stir-fried mushrooms and bamboo shoots

三鲜汤 soup with fish, shrimp and pork balls

芙蓉鸡片 fried chicken slices with egg white

牡丹蔬菜 fried mushrooms and bamboo shoots in peony shape

翡翠虾仁 stir-fried shrimps with peas

三蛇龙虎会 fricassee snake and cat

红烧四喜肉 braised brisket with brown sauce

生蒸鸳鸯鸡 steamed frogs

五柳石斑鱼 steamed tench with assorted garnished

凤爪炖甲鱼 steamed turtle and chicken's feet soup

百花酿北菇 mushrooms stuffed with minced shrimps

红烩虎皮鸽蛋 boiled and fried pigeon eggs, stewed with brown sauce

(四)直译 + 解释

中国的许多菜名具有丰富的历史韵味与民俗情趣。具体来说,有的与地名有关,有的与某个历史人物有关,还有的则来自故事、传说或典故。为了将其文化内涵准确传递出来,译者应以直译法为主,必要时还可进行适当解释。例如:

叫花鸡 beggar's chicken

东坡肉 Dongpo braised pork

炒罗汉斋 stewed vegetables "Luohan Zhai"

宋嫂鱼羹 Sister Song's fish potage

宫保鸡丁 fried diced chicken in Sichuan style

北京烤鸭 Beijing roast duck

成都辣子鸡 stir-fried spring chicken in Chengdu style

西湖醋鱼 West Lake vinegar fish

白云（宾馆）香液鸡 boiled chicken with spicy sauce in Baiyun Hotel

东江酿豆腐 beancurd stuffed with minced pork in Dongjiang style

大救驾 Shouxian County's kernel pastry（Dajiujia-a snack that once came to the rescue of an emperor）

佛跳墙 assorted meat and vegetables cooked in embers

三、居住文化翻译

概括来说，在进行英汉居住文化的翻译时，应注意二者在建筑材料、建筑结构、建筑布局、建筑理念等方面的差异，并灵活运用意译法与释义性翻译法。

（一）意译

中国建筑气韵生动，温柔敦厚，充分体现出温和、实用、平缓、轻捷的人本主义特征。有效运用意译法可以更好地向译入语读者展示中国文化的意境。例如：

（1）她一下来，鸿渐先闻着刚才没闻到的香味，发现她不但换了衣服，并且脸上都加了修饰。苏小姐领他到六角小亭子里，两人靠栏杆坐了。（钱锺书《围城》）

When she came down, he caught a fresh whiff of a fragrance he had not smelled a moment ago and noted that she not only had changed her clothes but had also put on some make-up.She led him into a small hexagonal pavilion, they sat down against the railing.

（2）进入三层仪门，果见正房厢庑游廊，悉皆小巧别致，不似方才那边轩峻壮丽；且院中随处之树木山石皆在。一时入正室，早有许多盛妆丽服之姬妾丫鬟迎着，邢夫人让黛玉坐了，一面命人到外面书房去请贾赦。（曹雪芹《红楼梦》第三回）

..., for when they had passed three ceremonial gates she saw that the halls, side chambers and covered corridors although on a smaller scale were finely constructed. They had not the stately splendor of the other mansion, yet nothing was lacking in the way of trees, plants or artificial rockeries.

As they entered the central hall they were greeted by a crowd of heavily made-up and richly dressed concubines and maids. Lady Xing invited Daiyu to be seated while she sent a servant to the library to ask her husband to join them.

(二)释义性翻译

通过中国民居可以感受到鲜活的生活气息。这些建筑不仅曲线优美,还常常通过细小之处来表达生活情趣。因此,对一些具有特定涵义的建筑名词进行解释就显得十分必要。例如:

请韦四太爷从厅后一个小巷内曲曲折折走进去,才到一个花园。那花园一进朝东的三间。左边一个楼便是殿元公的赐书楼。楼前一个大院落,一座牡丹台,一座芍药台,两树极大的桂花正开的好。后面又是三间敞榭,横头朝南三间书房后,一个大荷花池,池上搭了一条桥。过去又是三间密屋,乃杜少卿自己读书之处。(吴敬梓《儒林外史》第三十一回)

Presently he led Mr. Wei by a passage from the back along a winding path to the garden. As you went in you saw three rooms with an eastern exposure. A two-storeyed building on the left was. The library built by the Number One Scholar, overlooking a large courtyard with one bed of moutan peonies and another of tree peonies. There were two huge cassia trees as well, in full bloom. On the other side were three summer houses, with a three-roomed library behind them overlooking a great lotus pool. A bridge across this pool led you to three secluded chambers where Tu Shao-wing used to retire to study.

第二节 社会文化与英语翻译

一、色彩文化翻译

(一)色彩词语的翻译

1. 色彩词分类

英汉两种语言都有大量的表示色彩的词,它们构成了一个特殊的词群,它们是各自词汇系统里的一个子系统。英汉两种语言中的色彩词语均可分为基本色彩词和实物色彩词两种类型。

所谓基本色彩词，是指专门表示色彩的词语，例如英语中的 black, white, red, yellow, green, blue, purple, 汉语中的黑、白、红、黄、绿、蓝、紫。实物色彩词最初是某种实物的名称，但是由于这种实物具有突出的特殊色彩，而产生了一种新的涵义，它不仅可以表示实物，还能表现实物所具有的特殊色彩，如英语中的 gold, silver, violet, orange, coffee 等，汉语中的金黄、银白、桃红、橙色、米色等。随着人类文明的进步，人们对色彩的认识也发生了变化，表示色彩的词汇有所增加，色彩的涵义也由原来的单一色彩演变为许多新意义——"内涵意义"。要想准确地翻译英、汉两种语言中颜色相关的词语，关键在于准确把握它们在不同的社会文化语境下所体现的内涵意义，也就是色彩词的"社会属性"。

2. 颜色的社会属性

色彩词是一种具有鲜明民族文化特色的"文化限定词"，每个民族都有属于自己的颜色观。同一色彩在不同的文化背景下，会表现出不同的文化心理，产生不同的联想，从而体现出不同的文化意蕴。

（1）颜色与历史

"黄"和"紫"都是常见的色彩，但是在不同的民族历史中却具有不同的象征意义。中国古汉民族的传统观念认为，"黄"为中央之色，是属于皇帝的帝王之色。而在西方，"紫"是最受推崇的颜色，古希腊和古罗马的皇帝、执政官、法官、将军都穿着紫色的长袍，这是高贵、尊严、王位、王权的象征，穿上紫色长袍就代表着身份和地位的高贵。所以英语中 to be born in the purple 意为生于帝王之家，而 to marry in to the purple 是与皇室或贵族联姻的意思。

在我国明、清两代有明令，只有皇家宫殿、陵墓建筑和奉旨修建的寺庙，方可采用黄色琉璃瓦。亲王、郡王和其他的贵族都只能使用绿色的盖顶。蓝色、紫色、青色等是官宦之家的盖顶颜色。

在中国古代，唐代备品的官服的颜色也是有所规定的，六品官服是深绿色，七品是浅绿色，八品是深青色，九品是浅青色。

在西方，以服装的色彩来表示工作，是一种较为普遍的现象。最典型的例子是：

white-collar workers 白领阶层，是指经过专业培训和技术训练的脑力劳动者

blue-collar workers 蓝领阶层，指普通的体力劳动者

grey-collar workers 灰领阶层，指服务性行业的职工

pink-collar workers 粉红领阶层，指职业妇女群体

golden-collar personnel 金领阶层，指既有专业技能，又懂经营管理的复合型人才

（2）颜色与礼仪习俗

中国的传统婚纱以"吉祥喜庆"的红色为主要颜色，新娘身着红衣，头戴红色头巾，都要将大红色的"喜"字贴在窗上、门上、墙上，因此也将婚礼叫做"红喜事"。而在葬礼上，中国人受到佛教"超度"思想的熏陶，认为老人的去世是"白喜事"，所以在葬礼上，丧家都要穿戴白衣、白帽、白腰带、白花来表示对逝去亲人的悼念，这是中国人几千年来的风俗习惯。

在西方结婚时，新娘都会穿着白色的婚纱，这是一种神圣而高贵的美丽，象征着纯洁和宝贵的爱；在葬礼上，人们会身着黑色的礼服，以示对逝者的哀思。所以在婚礼和葬礼方面，中西方的思想和服装色彩都有很大的差异，汉语"红白喜事"这个词绝不能从字面上直接翻译，而应用"weddings and funerals"来做解释性翻译。

（3）颜色与政治

在我们国家，色彩常常带有强烈的政治色彩，其中最具代表性的是"红"，代表革命、无产阶级、社会主义；"白"代表着资产阶级和资本主义；"黑"代表着死亡、腐朽和衰败。世界上众多政党、军队、组织都是以色彩来命名的。例如：

Black Hand 黑手党（指在美国从事犯罪活动的意大利移民秘密组织）

Green Panther 绿豹党（指激进派自然环境保护者）

Gray Panther 灰豹党（指美国激进派老年人党）

Red Army 红军（指苏联军队）

（4）颜色与经济

颜色词在经济术语中使用频繁，且异常活跃，如：

red ink（赤字）

in the red（亏本）

in the black（盈利）

Black market（黑市）

3. 基本色彩词的翻译

不同语言之间达到既具备"形"又传达"意"的转化，无疑是最高的翻译境界，然而，并不是在任何情况下都能达到这一境界的。从对英汉两种基本色彩词语的文化内涵进行比较，就可以看出它们之间存在着共性和差异。在英汉互译的过程中，译者若在形式上完全忠于原文，并保持原有的颜色，则会造成语义上的损失；相反，如果在语义上要完全忠实于原文，就必须改变其形式，也就是色彩意象。通常情况下，要想保持其色彩形象的同时，也要传递其文化伴随意义是很难做到的事情。翻译的本质在于使不同语言的人理解对方的习俗，消除因文化差异而产生的障碍；在语义的忠实与形式的忠实相抵触的情况下，应当将意义作为原则，对其原语中的色彩词进行灵活处理。从英汉色彩词文化内涵上的共性和相似性出发，这里提出了四种不同的翻译策略。

（1）直译色彩词

如果英汉色彩词所包含的文化内涵是完全一致或接近的，则可以直接翻译。例如：黑市 black market、黑名单 black list、黑心肠的 black-hearted、红色警报 red alert、为欢迎总统铺上红地毯 to roll out the red carpet for the President。

（2）转换色彩词

英汉色彩词的文化意蕴差别也体现在用不同的色彩词来表达同样的文化内涵，色彩词的转换也可以用于翻译。例如：

①她对他的成功感到眼红。She is green-eyed with his success.

②现在这些赌博游戏场正改作电影俱乐部，这往往意味着他们要放映黄色电影。Now the bingo halls are becoming cinema clubs, which normally means they show blue films.

（3）去除色彩词

如果英汉色彩词所包含的文化内涵不一致，则可以采用不翻译该色彩词的方法。例如：

①这位歌星现在正红得发紫。This pop star is now at the height of her popularity.

②约瑟夫的父亲看起来很保守，但他的思想却是挺激进的。Josephine's father looks very conservative, but his ideas are very red.

色彩缤纷繁复，英汉两种语言中的色彩词的词义不一致也不是单方面的；并且一种色彩的象征涵义并非只有一种，而是具有多重涵义的。有些是相似的，有些不同，有些则是截然相反，所以，在对色彩词进行翻译的过程中，往往会让译者犹豫不决、不知所措，只有反复推敲，才能做好翻译工作。总而言之，除了由于具有同样的概念涵义而必须直接翻译之外，色彩词的直译情况比较少见，而去除、转换、补充说明色彩词的情况则较为常见。但不论采用哪一种方式，其目标都是要在保持原意的同时，表现出鲜明的形象，并与译入语表达习惯相一致，这就是翻译最基本的原则。

（二）文化语境对色彩词语翻译的影响

语境对词汇的提取有很大的影响。如果忽视了色彩词在语义提取过程中语义和语境之间的相互关系，那么就无法全面地理解和正确地传达色彩词在语境中的涵义。

马林诺夫斯基是伦敦大学功能主义学派的奠基人，他是语言界首位研究语境的学者，他对语境给出了定义，并将语境分为情景语境和文化语境两种。情境语境是指在语言行为发生时所处的环境、事件的本质、参与者的关系、地点、方式等。文化语境是语言使用者所属的一个特殊的言语团体，以及语言团体长期形成的历史、文化、风俗、事物、习俗、价值标准和思考模式等。由于不同的自然地理、历史和文化环境，不同的民族对外界的反映会有不同的看法和观念，因此，不同的民族文化背景会导致人们对事物的认识观念的不同，从而形成具有不同文化内涵的色彩词。在语言发展的过程中，各种社会文化的因素不断对色彩词语的选择与定型造成潜移默化的影响，而色彩词语所具有的特殊涵义则是一个民族各种文化要素的折射与表现，能够详细而完整地反映出民族文化的特征。因此，色彩词语的翻译有赖于其自身的语言文化环境，而文化语境中的地理环境、社会历史、政治经济、民俗、宗教信仰、审美取向、价值观念和思维模式等因素，都将对色彩词语翻译产生重要的影响。

翻译学目的论认为，翻译是一种对人类行为的研究，人类的交流被语言环境所限制，而语言环境又被文化习惯所决定，翻译因此不可避免地会受到译出文化和译入文化的影响。在色彩词的翻译过程中对词义的提取，也受到不同的文化语境的影响，而译者对不同文化的认识和判断也可从中体现。下面将以下实例为基础，探讨在不同文化语境下，色彩词翻译受各因素的影响及对应的翻译方法。

（1）Just mentioning his ex-wife's name was like a red rag to a bull.

误译：提他前妻的名字简直就是在公牛面前摆红布。

分析：一般情况下，有些初学者在翻译带有色彩词语的句子时，往往会按照句面直译，一不小心就会引起很多笑话。从上面所讨论的文化语境出发来看，这句话中其实包含了很多因素。这和当地的风俗习惯有关。斗牛是西班牙的一项传统民俗活动，在一片空旷的看台上，一条红色的布条，随着斗牛士的挥舞，会让公牛愤怒到了极点。在知晓这些之后，like are drag to a bull 的意思自然就会被理解为 very likely to make someone angry or upset。这句话的翻译可以采用意义对等法，译为：一提他前妻的名字他就火冒三丈。

（2）The black widow is very poisonous.

误译：皮肤黝黑的那位寡妇心肠很毒。

分析：初看起来，这句翻译也很有道理。但是，由于整个文章都是关于蜘蛛的，因此这种翻译是不正确的。本例涉及文化语境中地域环境的不同。地理文化是由特定的地域环境所构成的一种文化。由于各个民族居住的地域不同，因此，自然环境的差异也会影响到不同的民族对同一事物或现象的认识。特殊的地域文化使色彩词具有特殊的涵义。在这句话里，black widow 是一种美洲的有毒蜘蛛黑寡妇球腹蛛，它的腹部下有一个沙漏状的红斑。它的学名是 Latrodectus mactans。这种雌性蜘蛛甚至会以雄性蜘蛛为食，极其凶残。所以，我们可以采用添加注释法把这句话译成"黑寡妇球腹蛛（美洲一种毒蜘蛛）的毒性很强"。

（3）He is a white-haired boy of the general manager.

误译：他是总经理的一个早生白发的儿子。

分析：本例句与文化语境下的审美倾向有关。由于不同的文化背景造成了人们的价值观念和审美观念的差异，从而使人们对同一事物的看法也不尽相同。在审美倾向上，中国传统节日多采用红色作为装饰，如"红光满面""红红火火""大红人"等积极正面的事物往往以红色作为点缀。而在西方，表示相同涵义的颜色是白色，在该例句中，white-haired boy 和 fair-haired boy 都是口语，意思是"大红人，宠儿"。许多英语成语在汉语中都能找到完全对等或基本等同的词语，翻译该例句可以使用同义套用法，因此正确的译文是：他是总经理的大红人。

（4）The two actresses were chatting away in the greenroom. 误译：两个女演员在绿色房间里聊天。

分析："绿色房间"是对英文句面意思的直译，也有人将其翻译成"玻璃温室"。请注意，例句中不是"green-room"，而是"greenhouse"。接下来将第四个文化背景的要素——社会历史联系起来。它是指历史文化在一定的历史发展过程中与社会遗产的积淀而形成的文化，由于各个民族在历史发展过程中都存在着差异，因此每个民族都有一定含有特定人物和事件的色彩词语，体现出民族特殊的历史文化色彩。再回头看看"greenroom"这个单词，这个单词来源于早期剧院大厅的墙为绿色，所以就有了"greenroom"。运用意义对等的方法，这句话可以翻译成"两位女演员在后台闲聊"。

（5）Joe was in a low spirit after receiving a pink slip from his company.

误译：乔接到公司的粉红色纸片后情绪低落。

分析：最后是文化背景下的政治经济因素。Pink Slip 是口语中"解雇通知"的用法。由于这些通告都是用粉色纸张印刷的，因此 Pink Slip 成了辞退的代名词。没有人想要被辞退，因此 Pink Slip 是所有人都不愿意看到的。因此采用意义对等法进行翻译，正确的译文是：乔在收到公司的解雇通知后，心情非常沮丧。

二、数字文化翻译

（一）数字翻译技巧

英汉两种语言中的数字习语因受自身的文化背景的影响而在运用的领域、方式、意义等方面存在着明显的差异。数字有时是实际意义，有时是虚指，而还有一些数字和其他单词相组合就可以表示特定的事物和概念。在中国传统文化里，数字具备更加深奥的神秘色彩。因此，英汉数字习语除了在表达方式上相似之外，还存在着诸多的独特性。以下是四种常用的数字翻译技巧。

1. 数字直译

英汉两种语言中对模糊数字在意义和语用功能方面的认识上基本一致，因此，在不影响目的语读者的情况下，可以进行数字直译。例如：

一寸光阴一寸金：An inch of time is an inch of gold

千里挑一：One in thousand

十之八九：nine-tenths；ninety-nine out of a hundred

将英汉两种语言作为母语使用的人能够听懂这些习语，因此在翻译这些习语时，要尽可能直接翻译。除此之外，在翻译中要注意用语的通俗易懂、语句简洁、容易上口、意义清楚。

2. 数字改译

数字改译是指把数字放大或者缩小来进行翻译。英汉语中模糊数字的用法有很大差别，为了符合译入语的语言习惯，必须修改数字才能确保翻译的准确性。在对数字进行转换时，可以将原数字扩大或缩小。在汉语的数字英译中，经常会出现两种数字变化的情况。

（1）部分数字的变通，如：

百里挑一：one in a thousand

三个臭皮匠胜过一个诸葛亮：two heads are better than one

三天打鱼，两天晒网：one day fishing，two days to dry the net

千方百计：a thousand and one ways

一朝被蛇咬，十年怕井绳：once bit，twice shy

（2）全部数字变通，如：

半斤八两：six of one and half a dozen of the other

三思而行：think twice

接二连三：one after another

一个和尚挑水吃，两个和尚抬水吃，三个和尚没水吃：

one boy is a boy，two boys half a boy，three boys no boy.

同样，在英译汉的数字翻译时，也可采用此类译法，如：It's a thousand pities that you can not come here.（十分可惜你没能来这儿。）

"a thousand pities" 不可直译为 "千分可惜"，而应根据汉语的习惯译为 "十分可惜"或"万分可惜"。在不改变数字的修辞意义的前提下,从英语数字转化而来的数字要尽可能符合汉语的语言习惯。通过上述示例,我们可以得知,不管是汉译英还是英译汉中的数字翻译,虽然数字格式已经发生了局部或完全的变化,但是对于英语和汉语的读者来说,这些熟悉的数字帮助他们在阅读译文时拥有和原文读者阅读原文时相同的心理反应,因此,译文和原文的功能是一样的。

3 数字不译

在英汉语中,由于历史、文化、宗教、风俗等因素的影响,有些事物、意义或概念在其他语言中没有相应的词语或名词,因此,在习语的表达方式上不能直译,同样不能意译,在翻译时只能使用特定术语或名词。例如:

始终如一:unchanging

七拼八凑:scrape together

十全十美:satisfactory in every way

四舍五入:round off

幸运草:four leaf

此类模糊数字的运用,既有民族文化背景,又有其特有的语言表达方式,为了保证语句的通顺、语义清晰,在翻译过程中不用按照数字所表示的数字概念来进行转换,而是根据这些数字在特定语境中的语义,将其语用意义译出来。上述这些习语采用这种翻译方法,既能真实地传达原文的意思,又能让读者更好地理解原文的意思,因而采用非译法是最好的翻译方法。

4 数字添译

有时原文中没有数字,但在翻译过程中可以按内容的需要添加含意模糊的数字,使其具有语体和艺术效果,在译文中加入适量的数字可以增强译文的感染力和想象力。例如:

(1)这两姐妹有天壤之别。

The two sisters are different in a thousand and one ways.

(2)He is well-informed and he is always all eyes and ears.

他消息灵通得很,他总是眼观六路,耳听八方。

这两个例句中原文均未见数词,但在译文时,译者对译文增加相应的数值以作适当调整,使得译文更具韵味,更流畅。

（二）数字模糊语义的翻译原则

翻译不是要严格保证单独的字词，而是要保持语言的整体风格和力度。翻译数词的依据是分量，而不是数量。模糊数字的翻译不应局限于数字本身的数值，而应根据特定语境仔细斟酌其修辞特点，注重文采，仔细挑选合适的词语，把它的形象和语势翻译出来。英汉民族对数字模糊性的认识与表达有很大差异，因此要想既做到内容上的忠实、句子的通顺，又要做到风格上的恰当，就需要注意以下三个翻译原则。

1. 民族性原则

由于民族文化的差异，数字的模糊使用方法往往带有明显的民族性，这是民族文化在历史上长期积累的结果。因此，在翻译过程中要根据各民族的心理和习惯，对一些数字进行适当修改和变换，以便使译者更好地理解译文。例如：There were 60 million Americans at home working to turn out the thousand and one things required to wage war. 美国国内有六千万人在生产成千上万种军需品。

2. 通俗性原则

英语和汉语中都存在着大量含有模糊数字的习语短语，如成语、谚语、俗语、歇后语等，这些习语言简意赅，易于理解，使用时令人赏心悦耳，是人们在长时间内常用的、经常重复的句子，而且是存在固定形式的。尤其是在翻译时，要注意措辞通俗、语言简单、容易上口、意义清楚，在处理数字时，要遵循习惯来做取舍，不能强行要求数字的字面对等。例如：接二连三 one after another；颠三倒四 incoherent；disorderly；五光十色 multicolored；of great variety。

3. 形象性原则

在英汉语中，数字与其他词组组合在一起时，通常都是有特定形象意义存在的。在翻译过程中，要突破数字实际指义的桎梏，而要注意数字与其他词结合在一起后所形成的形象，再按照民族文化传统和语言习惯，将它们的形象保留下来，或者转化译语中人们所熟知的形象。某些情况下会不得不放弃形象，而选择合适的词语来译出完整的喻义。例如：汉语中的"七嘴八舌""千军万马""万水千山"等；英语中的"to kill two birds with one stone""A stitch in time saves nine""A bird in the hand is worth two in the bush"。

三、价值观文化翻译

为了展示本国的民族文化特色，避免自身文化被外来文化侵蚀、弱化，韦努蒂早期就曾倡导过抵抗式的翻译策略，即今天所说的异化翻译。异化翻译是指在翻译过程中，通过破坏目的语的语言习惯和风格，将翻译语言的语言风格和文化特征加以引入，从而使翻译语言的文化价值观嫁接到目的语文化中，使自身文化价值传播的目的得以实现。我国语言文化早已受到了异化翻译策略的影响，因此，为了更好地在汉译英翻译中体现我国的文化价值，我国翻译工作者必须善于运用各种异化翻译策略，才能更好地传播和弘扬我们的文化，从而抵抗外来文化的腐蚀和削弱。为了使中华文化的价值观念得到进一步的推广和传播，我们可以采取"直译""音译""直译+注释""直译+意译"等多种方式来进行汉译英翻译工作。

（一）直译

从字面意思就可得知，直译就是把中华文化的概念翻译成为英文翻译的本体，比如把汉语的"谋事在人，成事在天"改为"Man proposes, God disposes"，这样的翻译会使得欧美等读者更容易理解，但同时也会使西方读者错误地认为中国人的信仰也是上帝。为了体现和弘扬中华文化价值观，翻译时可以将这个词翻译成"Man proposes, Heaven disposes"，把"天"翻译成"heaven"，而并非"God"，这样不仅不是单纯迎合欧美人的阅读和理解习惯，同时也是我国传统儒家文化中厚重大气的展现，有利于中国传统文化价值观的传播。

（二）音译

音译比较好理解，就是把目的语言的读音和翻译语言的读音结合起来，在中国有许多外来词都是音译过来的，在音译完成之后，新词组之中的单个字不保留其原有的意义。如："克隆"—"clone""托福"—"TOEFL""黑客"—"hacker"等，这些都是英语在翻译为汉语的同时形成的音译词汇，类似还有像可口可乐、麦当劳、肯德基、好莱坞等。

在进行汉译英的过程中，为了弘扬和传播我们的文化价值观，翻译工作者还可以通过音译的方法来创作英语中的词组。在具体的实施过程中，可以把具有浓郁文化意蕴的词语用拼音形式直接生成新的词组，例如"胡同"—"hutong""土楼"—"tulou""馒头"—"mantou""旗袍"—"qipao""功夫"—"gongfu""四合院"—"siheyuan"等都是采用该方式进行翻译的,外国人也可以轻松理解和接受。

(三)直译+注释

汉译英翻译中,"直译+注释"的方法主要目的是对那些蕴含着深厚文化底蕴和典故的短语词句进行阐释,使其充分展现我国民族文化内涵。比如将"三讲"翻译为"Three Stresses(stress study, political awareness and integrity)","三讲"是我国的政治术语,它包含了学习、政治、正气等三个层面,可以用汉语的习惯来将其轻松概括,但欧美国家中不懂这一点的读者就必须对"三讲"的内在涵义进行全面的注释,所以需要通过"直译+注释"方法进行翻译来解决这个问题。

4. 直译+意译

在汉译英翻译工作中,常常会遇到将部分原文形象加入目的语言后无法将原文的文化内涵带入新语境之中的情况,而采取"直译+意译"的翻译方法,可以有效解决这一问题。在实践应用中,可以先进行直接翻译把原文中的形象移植,然后再通过意译传达原文中的文化内涵。例如:"中国宇航员"—"taikonaut",这一词汇原本不存在,在我国载人航天工程成功之后,先采用直译的方式:"太空"—"taikong",后将"美国航天员"—"astronaut"中的"-naut"截取出来和"太空"—"taikong"一起组成了"中国宇航员"—"taikonaut",展现出了中国文化价值观。

第三节　生态文化与英语翻译

一、动物文化翻译

(一)直译:保留形象

英汉动物词汇在表现形式和文化内涵上都是一样的,即当英语、汉语两种语言中用动物词汇来表现事物特性或人物性格特点,在意义形象、风格上都是相同或相似的时候,则可以保留原文中的动物形象进行直接翻译。例如:

对牛弹琴 to play the lute to a cow

打草惊蛇 to stir up the grass and alert the snake

井底之蛙 to be like a frog at the bottom of a well

竭泽而渔 to drain to catch all the fish

如鱼得水 feel just like fish in water

大鱼吃小鱼 the great fish eat small fish

（二）意译：舍弃形象

在翻译时无法保留原文中的动物形象，且无法对动物形象进行改变而套译的时候，就可以对动物形象进行舍弃而意译。例如：

big fish 大亨

top dog 最重要的人物

be like a bear with a sore head 脾气暴躁

My father will have a cow when I tell her. 我爸爸听说后一定会发怒的

（三）套译：改换形象

在翻译动物词语时，将其在源语中的象征意义传达到目标语中或者用目标语中具有相同象征意义的词来替代，这就是套译。例如：

a lion in the way 拦路虎

as happy as a cow 快乐得像只鸟

teach a pig to play on a flute 赶鸭子上架

Better be the head of a dog than the tail of a lion. 宁做鸡头，不做凤尾。

Don't believe him, he often talks horse. 不要信他，他常吹牛。

It had been raining all day and I came home like a drowned rat. 终日下雨，我到家时浑身湿得像一只落汤鸡。

二、植物文化翻译

（一）直译：保留形象

在英汉两种语言中，如果一种植物词汇的文化意蕴基本一致，也就是源语中的植物词汇，在译者的语言中存在与其相近的、类似的植物形象，则可以采用直接翻译的方式来保留植物形象。采用直译的翻译方式，既可以保持源语的文化特色，传达原文风格和神韵，又可以使译文更加鲜活生动，有利于英、汉两种文化的交流，使译文的语言更加丰富。例如：

laurel wreath 桂冠

peachy cheeks 桃腮

Oak may bend but will not break. 橡树会弯不会断。

（二）意译：舍弃形象

在植物词汇的翻译过程中，我们可以舍弃源语言中的植物形象，采用意译的方式进行翻译。换而言之，就是摒弃原文的表达形式，而仅将其联想意义翻译出来。例如：

harass the cherries 骚扰新兵

He is practically off his onion about her. 他对她简直是神魂颠倒。

If you lie upon roses when young, you lie upon thorns when you old. 少壮不努力，老大徒伤悲。

Every bean has its black. 凡人各有短处。

（三）直译加注释

在翻译植物词汇时，有时候为了保留原文的异域风味，丰富民族语言，同时便于译入语读者理解，翻译工作者会采用直译和注释的方法进行翻译，即在译文中既要保持原文的植物意象，又要解释其文化内涵。例如：

as like as two peas in pot 锅里的两粒豆（一模一样）

A rolling stone gathers no moss. 滚石不生苔（改行不聚财）。

The proof of the pudding is in the eating.

欲知布丁味道如何，只有吃上一吃（空谈不如实践）。

（四）转换形象翻译

植物词汇的涵义通常包含两个层面：第一层面为字面意义；第二层面是对其引申的文化联想涵义。从字面意思上相同的植物词语，在文化联想上的涵义有可能是不一样的；而字面意义不同的植物词汇，文化联想涵义又可能相同。当一种语言被译成另外一种语言时，译入语读者会根据自身的文化传统，对植物词汇所蕴含的文化内涵进行解读。所以在英汉语中，对文化内涵不同的植物词汇进行翻译时，译者必须根据英汉语的文化差异、文化传统和译入语读者习惯等因素，对植物词汇在译入语中的表达形式进行相应调整。例如：

as red as a rose 艳若桃李

spring up like mushrooms 雨后春笋

potatoes and roses 粗茶淡饭

（五）引申阐发译

对于一些特殊的表达，在翻译过程中，为了更加准确地表达原文涵义，译者可以根据上下文以及逻辑关系，对原文中植物词汇的内涵进行引申。此外，有时还需要进行阐述解释，以保证译文的流畅自然。例如：

Tom will come to the party: the chance of a free drink is like a carrot to a donkey to him.

汤姆一定会来参加宴会的，白喝酒的机会对他来说是很有诱惑力的。

Every weekend his father goes of golfing, he is tired of being a grass window.

爸爸每个周末都出去打高尔夫球，他已经厌倦透了这种爸爸不在家的日子。

三、山水文化翻译

由于汉语"山水"有着丰富的文化意象，因此其翻译也就有了一定的困难。有些人认为，这种文学意象是可以进行翻译，且可译性不低，只要将其翻译成另一种语言的相应物象，就可以传达出其基本寓意。这也就是说"流水"和"山"可直译为 water, river, stream 和 mountain, hill，直译后"流水"和"山"的文化内涵会基本得以保留。例如：

枕前发尽千般愿，要休且待青山烂。水面上秤锤浮，直待黄河彻底枯。

（唐无名氏《菩萨蛮》）

On the pillow we make a thousand rows, and say,

Our love will last unless green mountains rot away.

On the water can float a lump of lead,

The Yellow River dries up to the very bed.

第四节 人文文化与英语翻译

一、宗教文化翻译

随着世界一体化进程的加快,中西方在文化、经济等领域都展开了密切的沟通与交流。翻译是沟通不同国家的桥梁,对跨文化交际的顺利进行有着直接的影响。下面是对英汉宗教文化翻译进行的研究。

(一)西方宗教文化的翻译

在西方宗教中,其代表宗教是基督教,因此对西方宗教文化翻译的研究主要集中于对基督教文化的翻译。

1.《圣经》典故的翻译

《圣经》是基督教的经典著作,通过生动鲜明的事物、人物形象阐述了大的宗教观念。而《圣经》中的很多内容经过历代传承之后,形成了西方文化中耳熟能详的典故。对这些典故翻译的了解能够促进英汉宗教文化翻译的顺利进行。例如:

Would any of the stock of Barabbas,

Had been her husband rather than a Christian!

(莎士比亚《威尼斯商人》)

译文一:我宁愿她嫁给强盗的子孙,不愿她嫁给一个基督教徒!

译文二:哪怕她跟巴拉巴的子孙做夫妻,也强似嫁给了基督徒!

例句中,Barabbas 是一个强盗的名字,其出自《圣经·新约》第 27 章。对于这典故,英美人都非常熟悉。但是对于中国人而言,很少有人知道这一典故,因此理解起来就比较困难,更不会产生英美人所产生的联想。上述翻译中,朱生豪运用归化的方法,将 Barabbas 翻译成了"强盗",这样不仅便于读者理解,也清楚地传达了原文的涵义。方平则采用了直译加注释的方法,对 Barabbas 进行直译，同时又进行了进一步的解释，这样不仅可以让目标语读者了解这一典故的文化内涵，而且丰富了目标语读者的宗教文化知识。若从文化翻译的角度来比较两位译者的翻译，则方平先生的译法、译文更好。

2.基督教观念的翻译

在对宗教文化进行翻译的过程中，对宗教观念的翻译是一个难点，也是一个重点。针对这种翻译，译者可以采用"转化"的方法。所谓"转化"指的是在翻译时，用本民族的宗教观念来取代源语中的宗教观点。这种翻译方法便于译入语读者的理解。但是其也有一个显著的弊端，那就是容易使宗教观念混乱，不能使读者感受异域文化。因此，译者应该根据具体的翻译实践，进行合理选择。对于基督教观念的翻译，译者在如实原则的指导下，进行原汁原味的翻译。例如：

  Winter Wonderland

  Sleigh bells ring, are you listening?

  In the lane snow is glistening

  A beautiful sight, we're happy tonight

  Walking in a winter wonderland

  冬日的仙境

  雪橇铃响了，你在听吗？

  巷中的白雪，发光闪烁

  美丽的景色，我们今晚好幸福

  在冬日的仙境中行走

上述例子是一首圣诞歌曲中的一部分，歌曲中的 winter wonderland 被译成了"冬日的仙境"，"仙"是中国宗教用词，指的是道教中的"神仙"，"仙境"则指"神仙居住的地方"，所以将其译成"冬日的仙境"显然是不妥的。实际上，winter wonderland 描写的是白色圣诞的美丽景色，而并非"仙境"，所以将其译成"冬日胜景"则更加符合歌曲的意思。

（二）中国宗教文化的翻译

佛教是从印度传入我国的，因此佛教在中国的传播离不开对佛经的翻译。可以说，佛经的翻译开创了中国翻译事业的先河。相传现存的《四十二章经》就是《阿含经》的节要译本，这也是我国有记载的第一部佛经翻译。佛经的翻译不仅推动了佛教在中国的传播与发展,而且也对中国文化产生了巨大的影响,有力地促进了中国文学的发展。

1. 佛教词语的翻译

随着佛教传入我国,大量的佛教词语也开始融入我国,不断丰富我国的词汇。对于这些词语的翻译,有的可以用原有的汉语来进行翻译,使之具有新的意义,如"境界""因缘"等,有的则可直接音译,如"菩萨""菩提""沙门"等。

2. 佛教诗词的翻译

佛教对中国文化的影响广泛而深远,就连有的诗词也蕴涵了浓厚的佛教韵味。佛教在宣传教义中常使用一种与中国古体诗相近的形式(称为"偈"),它由固定字数的四句组成,种类较多,常以三言、四言、五言、六言及七言一句组成为主,它与汉以前的四言诗和汉以后的五言、六言、七言诗极相近。佛教诗词中往往蕴涵着深奥的智慧和思想,因此在翻译时要注意传递其深层的文化内涵。以下我们通过一些具体的佛教诗词来解释其翻译。

(1)诸恶莫做,众善奉行,自净其意,即是佛教。

To do no evil,

To do only good,

To purify the will,

Is the doctrine of all Buddhas.

以上例子将"恶"译成了 evil,将"善"译成了 good,将"净"译成了 purify,这样的翻译贴切地反映出了佛教劝诫人们弃恶扬善的思想。

(2)身是菩提树,心如明镜台,时时勤拂拭,勿使惹尘埃。(《神秀》)

Body is a bodhi tree,

The heart like a mirror sets,

Always wipe off ground,

Without rendering the dust alight.

(3)菩提本无树,明镜亦非台,本来无一物,何处惹尘埃?(《慧能》)

There is no bodhi tree,

Nor stand mirror,

Had no one,

Where can the dust alight？

"菩提"是古印度语（即梵文）bodhi 音译过来的，其涵义是觉悟、智慧，用以指人豁然开悟、顿悟真理等。所以，"菩提树"是以上两首诗的灵魂，其翻译也就成了两首诗翻译的关键。在英语中，与"菩提树"相对应的词语是 peepul，bo-tree 或 large-tree，但这些词语只能表达"菩提树"的植物属性，而不能体现其佛教意义。而译成 bodhi tree 就能使其佛教意义显露出来，但是还需要添加注释，以使其内涵充分表达出来。

二、习俗文化翻译

习俗，即习惯和风俗。习俗文化是指在人际交往和社会日常生活中根据民族的风俗习惯所形成的一种文化。不同的民族在道谢、致歉、告别、打招呼等方面表现出来的民族习俗各不相同。

（一）见面语翻译

见面语即人们在见面打招呼时所说的话。由于英汉习俗的差异，英语和汉语中所用的见面语也存在很大的差异。

中国人见面经常喜欢问"吃了吗？"如果将它翻译成英语"Have you eaten or not？"外国人听了一定会感到非常茫然。而在英语中，根据见面的场景可以翻译成"How do you do？"更好一些。

汉语中见面打招呼时常喜欢问一些对方的切身生活以表示关心，如年龄、婚姻、孩子、工资等，这些问题在西方人看来属于私人问题，其他人不应询问。所以要注意英汉文化上的这种差异，避免被误解为窥探他人的隐私。

汉语中经常用到的打招呼的话主要有"你吃了吗？""你要干什么？""你要去哪里？"在汉语里，这几句话没有任何具体的涵义，它们只是一种打招呼的方式而已。但是在英语中"你要干什么？"（What are you going to do？）和"你要去哪里？"（Where are you going？）却触及英国人的隐私，而"你吃了吗？"（Have you eaten or not？）会让对方误以为你想请他（她）吃饭。因此，英汉语言中的见面语不能简单地直译，而要根据实际情况选用英语中的日常问候语。

（二）礼貌用语翻译

了解英汉文化中礼貌用语及其表达方式上的差异，能够有效避免翻译过程中出现的文化冲突，也能更好地保证原文翻译的准确性和合理性。英语中常用的礼貌用语主要有 Excuse me，Please，Thank you 等，这些礼貌用语可以用在任何人身上。但是在汉语文化中，礼貌用语只用于领导、长者或者陌生人。在汉语文化中，关系越是亲密，礼貌用语用得就越少。如果忽略了英汉文化中的这种差异，就很容易造成尴尬的局面。有一个经典的例子是说，一个外国人夸赞一位中国姑娘长得很漂亮，中国姑娘礼貌地谦虚"哪里，哪里"，如果将中国姑娘的话直接翻译成"Where，Where"，对方听了不知道会露出怎样吃惊的表情。这里把中国姑娘的话翻译成 Thank you 就得体多了。另外，汉语中夫妻之间由于关系密切，所以他们交谈时通常都用祈使句，句子中不会出现"请"字，只是说话的语气会委婉些，但是在翻译成英语时如果也不加表示"请"的词（如 Please 等），会让人觉得说话的人太专横无理，或是夫妻关系不和谐。

由于中国传统文化尊老爱幼观念的影响，汉语表达中常常流露着对老人的尊敬，汉语中经常会说"您这么大年纪……""您老……"这样的话以表示对老人的尊敬和优待，但是在英语中，西方人都希望自己永远年轻，人们认为"老"就意味着"衰老"，他们很忌讳 old 和 aged 这样的词，英语中通常用 senior 来表示汉语中"老"的意思。

英汉习俗上的差异还表现在打电话时用语的不同。中国人一般拿起电话都会说："喂，您是哪位？您找哪位？我是某某某。"如果直接翻译成英语"Who are you？ I am so-and-so"，对方听到会觉得很莫名其妙。按照西方国家的文化习惯，一般可翻译成"This is so-and-so.Who is this speaking，please"？

（三）称谓习俗翻译

1. 亲属称谓词翻译

称谓是人与人之间社会关系的反映，是习俗文化的重要组成部分。称谓可以分为两种：亲属称谓和社会称谓。对亲属称谓来说，同一个概念在不同的语言中所指的范围和使用的范围也不同。看起来简单的亲属称谓离开了特定的语言环境，就变得无法理解，很难翻译。

在汉语中，哥哥和弟弟、姐姐和妹妹分得很清楚，而在英语中 brother 和 sister 却分不出长幼。例如，"Tom's brother helped Joe's sister."这句话就很难翻译，因为没有一个特定的语言背景根本无法知道 brother 是应翻译成哥哥还是弟弟，sister 应该翻译成姐姐还是妹妹。又如，英语中 cousin 一词，在汉语中可以翻译成"表哥、表弟、堂哥、堂弟、表姐、表妹、堂姐、堂妹"一系列的称谓。

英语中的亲属称谓大多比较笼统、比较简单，而汉语中亲属称谓大多比较具体、比较详细。英语亲属称谓和汉语亲属称谓分别属于类分式和叙述式这两个不同的系统。

英语中的亲属称谓属于类分式系统。这种亲属称谓是以辈分来划分家庭成员的，英语中承认的血缘主要有五种基本形式，它们是兄弟姐妹、父母、祖父母、儿女、孙儿孙女。在这五种等级中，第一等级包括自己、兄弟姊妹及种种从表兄弟姊妹之属；第二等级包括父母以及他们的兄弟姊妹和种种从表兄弟姊妹之属；第三等级包括祖父母以及他们的兄弟姊妹和种种从表兄弟姊妹之属；第四等级包括儿女以及他们的种种从表兄弟姊妹之属。第五等级包括孙儿孙女以及他们的种种从表兄弟姊妹之属。

以这五种等级为依据，只有兄弟姐妹、父母、祖父母、子女、孙儿孙女有具体的称谓，其他亲属都没有具体的称谓。例如，在父母这个等级中，母称是 mother，父称是 father。父母的兄弟以及其他所有从表兄弟一律翻译成 uncle 这个词。英语中 uncle 一词包含了汉语中的叔父、伯父、姑父，还包含了母亲的兄弟以及母亲姐妹的丈夫。英语的亲属称谓系统不会表明亲属是属于父系还是母系，属于直系还是旁系，英语的亲属称谓系统不区分亲属排列顺序，只以辈分来区分亲缘关系。

而我国汉族采用的则是叙述式的亲属称谓制度。它既包括血亲及其配偶系统，又包括姻亲及其配偶系统。血亲是由血缘关系发展起来的，而姻亲是由婚姻关系发展起来的。所以，我国汉族的亲属称谓错综复杂，十分详细。我国的亲属称谓表明了长幼顺序和尊卑辈分，并且区分了直系和旁系亲族，也区分了父系和母系亲族。游汝杰先生对我国的亲属称谓做出了比较具体的区分。

（1）辈分的区别

在汉语中，亲属称谓是有辈分区别的，由于辈分不同，所以称谓也不同。冯汉骥将中国现代的亲属称谓分为 23 个核心称谓，它们是祖、孙、父、子、母、女、姐、妹、兄、弟、叔、侄、伯、舅、甥、姨、姑、嫂、媳、岳、婿、夫、妻。这些称谓都是有辈分区别的。

（2）同辈之间长幼的区别

汉语中同辈亲属之间如果长幼不同则称谓也不同。在古代妻子称丈夫的哥哥为"伯"或"兄伯""公"或"兄公"，称丈夫的姐姐为"女公"，称丈夫的弟弟为"叔"，称丈夫的妹妹为"女叔"。

现代亲属称谓中，姐姐、妹妹、哥哥、弟弟、兄嫂和弟媳等都有区别。

而在英语的亲属称谓中，相同辈分之间是没有长幼之分的，如 sister，brother，aunt，uncle 等都没有长幼之分。

在汉语中，兄、弟都翻译成 brother，姐、妹都翻译成 sister；姨子、嫂子、弟媳都翻译成 sister-in-law；而堂兄、堂弟、堂姐、堂妹、表兄、表弟、表姐、表妹都翻译成 cousin。

（3）父系和母系的区别

在汉语中，同辈亲属之间由于父系、母系的区别，亲属称谓也不同。例如，伯（或叔）—舅、侄—甥、父—岳父（丈人）、母—岳母（丈母娘）、姑—姨、堂兄—表兄。

而英语的亲属称谓则没有父系和母系的区别，如 uncle，aunt，nephew，cousin 等都没有父系亲属和母系亲属的区别。汉语中的祖父、外祖父都翻译成 grandfather，祖母、外祖母都翻译成 grandmother；汉语中伯祖父、叔祖父、姑公、舅公、姨公都翻译成 granduncle，而伯祖母、叔祖母、姑婆、舅婆、姨婆都翻译成 grandaunt；汉语中伯父、叔父、姑父、舅父、姨父都翻译成 uncle，而伯母、叔母、姑母、舅母、姨母都翻译成 aunt。

（4）血亲和姻亲的区别

血亲是由血缘发展起来的亲戚，而姻亲是由婚姻关系发展起来的亲戚。在汉语中，同辈亲戚之间由于血亲和姻亲的不同，称谓也各不相同。例如，现代称谓中的哥哥—姐夫、姐姐—嫂嫂等。

而在英语中亲属称谓没有血亲和姻亲的区别。

岳父和公公在英语中都翻译成 father-in-law，而岳母和婆婆都翻译成 mother-in-law。

（5）直系和旁系的区别

汉语中同辈亲属之间由于直系和旁系的区别，他们的称谓也不同，如父—叔、女—侄女、甥女等。

而在英语中亲属称谓并没有直系和旁系的区别。

2. 社会称谓词翻译

社会称谓表现了一定的社会礼制，并受伦理习俗与社会制度的制约。中国向来都是礼仪之邦，西方则是一个自由民主的社会。不同的社会制度造就了特点不同的社会称谓。与封建宗法制社会相对应，中国的社会称谓等级性很强，并且复杂多样。而与基督教神学相对应，西方的社会称谓等级性较弱，并且比较简单。

（1）拟亲属称谓词

在我国，没有亲属关系的人之间也会使用表示亲属关系的称谓。这种称谓词模拟了亲属称谓，改变了称谓词原来的用法，我们把它叫做拟亲属称谓词。

使用拟亲属称谓词反映了人们的"趋近"心理，缩小了谈话双方的距离，密切了彼此的关系，被称呼者也能感受到来自称呼者的礼遇和尊重。

父母是亲属关系中最亲近的关系。汉语中通常称与自己父母年龄相近的长辈为"大叔、大婶"和"大伯、大娘"。称父辈的女子包括保姆等为"阿姨"。这些词在翻译上有很大的困难。如果将"王叔叔"译成 uncle Wang，西方人就很难弄明白 uncle Wang 与说话人之间是什么关系。在西方文化中，如果没有亲属关系，通常称呼姓名，或者是先生、女士（夫人）。所以，汉语中的"王叔叔"翻译成英语应该是 Mr. Wang。其他的类似称谓也是这样翻译。

除了父母外，亲属中兄弟姐妹之间的关系最为亲密。在中国常有一些没有亲属关系的人为了增进彼此间的友谊，以彼此兄弟姐妹相称。对于同辈的成年男子通常称呼为"老兄、大哥"或者是"老弟、兄弟"，而同辈的成年女子一般称为"大嫂、姐姐"或者是"小妹、妹妹"。也有些城市的青年男女互称"哥儿们"和"姐儿们"。如果将汉语中的"姐妹儿"翻译成 sister，西方人很难明白两人的关系。在英语中同辈朋友之间，或者是同学、同事之间通常互称姓名，或者向他人表明两个人是同学或朋友的关系。

（2）汉语中的敬称与谦称

中国受封建君主专制制度和儒家礼制的影响较大，所以中国人喜欢用恭敬的口吻称呼他人，借以抬高他人，而用谦恭的口吻称呼自己以表达自己谦恭的态度。于是便有了汉语中的敬称与谦称。汉语中的敬辞与谦辞主要有以下几种。

①称对方的父母（敬称）：令尊、令翁、尊大人、尊候、尊君、尊翁；

称自己的父亲（谦称）：家父。

翻译成英语为：your father，my father

②称对方的母亲（敬称）：令堂、令慈、尊夫人、尊上、尊堂、令母；

称自己的母亲（谦称）：家母。

翻译成英语为：your mother，my mother

③称对方的妻子（敬称）：太太、夫人、令妻、令正、贤内助、贤阁；

称自己的妻子（谦称）：妻子、爱人、内人、贱内。

翻译成英语为：your wife，my wife

④称对方的兄弟姐妹（敬称）：令兄、令弟、尊兄、尊姐、令妹；

称自己的兄弟姐妹（谦称）：家兄、家姐、舍弟、舍妹。

翻译成英语为：your brother，your sister，my elder brother/sister

⑤称对方的儿子和女儿（敬称）：令嗣、令郎、令子、令媛、令爱；

称自己的儿子和女儿（谦称）：犬子、小女、息女。

翻译成英语为：your son，your daughter，my son，my daughter

⑥称对方的著述（敬称）：大著、大作、大稿；

称自己的著述（谦称）：拙译、拙文、拙著。

翻译成英语为：your writing，my writing

⑦称对方的住所（敬称）：府上、尊府；

称自己的住所（谦称）：舍下、寒舍。

翻译成英语为：your house，my house

⑧称对方的见解（敬称）：高见；

称自己的见解（谦称）：鄙见、管见、愚见。

翻译成英语为：your opinion，my opinion

（四）节日习俗翻译

由于中国的节日有其特殊的渊源和特色，所以对于中国节日的翻译不能使用千篇一律的方法，更不能随意翻译。对中国节日的翻译可以采用以下几种方法。

（1）直译

直译，即字面翻译，是指保持原文内容和形式的翻译方法。直译在保证原文特点的同时，也让读者接受了原文的文学风格。例如，春节、建军节、中国青年节等，这些节日都可以采用直译的方法。春节中的"春"翻译成 spring，"建军"翻译成 army，"中国青年"翻译成 Chinese youth，所以三个节日分别翻译成 the Spring Festival，the Army Day，Chinese Youth Day。这样的翻译既坚持了翻译的原则，又避免了翻译太过僵硬。

（2）根据习俗翻译

根据习俗翻译是指按照人们庆祝节日的方式和内容进行翻译。在中国，每一个节日的庆祝方式都是不同的，都有其独有的特色。例如，中国的端午节是为了纪念伟大的爱国诗人屈原。在端午节这天中国人都要吃粽子、赛龙舟。因此，通常将端午节翻译成 The Dragon-Boat Festival。而中国的中秋节是为了纪念嫦娥和后羿的爱情故事。中国人在这一天都要赶回家和家人一起赏月吃月饼，期盼团团圆圆。所以中秋节通常翻译成 the Moon Festival。西方人可以从中国节日的名字当中了解到一些中国的节日习俗。

（3）根据农历翻译

中国是个以农为本的国家，一些传统节日多用来祈求农业丰收，风调雨顺。因此，大部分中国节日都与农历有关。例如，重阳节是农历九月初九，据说在这一天插茱萸可以让自己身体健康，驱赶瘟魔；而七夕节是农历的七月初七，是为了纪念牛郎织女的爱情故事。因此，这两个节日可以翻译成 the Double Ninth Festival 和 the Double Seventh Festival。

有一些节日可以有几种翻译，如中秋节既可以翻译成 the Mid Autumn Festival，又可以翻译成 the Moon Festival。清明节既可以翻译成 the Qing Ming Festival，也可以翻译成 Tomb-Sweeping Day。

对中国传统节日的翻译不一定要拘泥于表面形式，而要根据中国的习俗灵活运用多种翻译方法，将中国节日的内涵准确清晰地传达给世界各国。

第五章 多元文化下的文学翻译

本章内容主要对多元文化下的文学翻译进行阐述，主要从三个方面进行介绍，分别为文学翻译的理论基础、文学翻译与文化研究以及诗歌、小说与英语翻译。

第一节 文学翻译的理论基础

一、文学

（一）文学的定义

古今中外，仁者见仁，智者见智。学术界有人认为文学即是语言。这一命题是基于海德格尔的观点"语言是存在的家，人就居住在这个家中"提出的。辞书学家认为，所谓"文学"，就是用文字书写的所有著作的总称，通常是根据作者的想象作出的诗歌或散文，可以通过作者意图和作品完美程度来进行区分。文学的分类方法多种多样，可以按语言、国家、历史时期、体裁等进行分类。教科书为文学下的定义是文学是显现在话语蕴藉中的审美意识形态。更多的人认为，文学是一门以语言或者文字等符号作为载体的语言艺术，通过对读者想象中的意象和情感状态进行艺术表现，从而达到美学上的共鸣。批评家与文学家的观点也不尽相同。韦勒克和沃伦认为："文学是创造性的，是一种艺术。"[①] 高尔基则提出了"文学是人学"的命题，在他看来，文学是社会各阶层和团体的意识形态，是对感情、意见、企图和希望的具体形象化表现。这里认为，文学是人学的命题可以从不同角度加以解释。马克思主义认为"劳动是整个人类生活的第一个基本条件，

---

① （美）勒内·韦勒克，奥斯汀·沃伦著；刘象愚，邢培明，陈圣生，等，译.文学理论[M].南京：江苏教育出版社，2005.

而达到这样的程度,以致我们在某种意义上不得不说:劳动创造了人本身"。①劳动不仅创造了人,而且是文学活动发生的根本原因。鲁迅曾对此做过通俗化的解释,他说:"人类在未有文学之前,就有了创作的,可惜没有人记下,也没有法子记下。我们的祖先的原始人,原是连话也不会说的,为了共同劳作,必须发表意见,才渐渐地练出复杂的声音来。假如那时大家抬木头,都觉得吃力了,却想不到发表。其中一个叫道'杭育杭育',那么这就是创作……倘若用什么记号留存了下来,这就是文学。"②哲学家认为人是具有七情六欲的自然存在物,与世界进行着物质交换。社会学家认为人是具有规范能力的社会存在物,与人进行着道德交换。人类的本性并非个体内在的固有抽象物,而是现实性上所有社会关系的总和。

除了其生物属性外,人还具有社会属性,而后者是伴随其始终的重要属性。人与动物的区别在于动物只要求它所必需的东西,人的要求超过这个。神学家认为人是具有超越能力的神性存在物,与世界发生着意义联系。"水火有气而无声,草木有生而无知,禽兽有知而无义,人有气、有生、有知亦且有义。故最为天下贵也"是人与世界万物的根本区别。作为物之感人的产物,文学作品必然表现感人之物,如"感时花溅泪,恨别鸟惊心";必然宣泄物之感人之情,如"小楼昨夜又东风,故国不堪回首月明中"。总之,作为人学的文学,必然要反映社会生活,要解读人的感性、理性和灵性。

其实,从文学活动的基本要素分析,能显而易见地看出文学与人的密切关系。文学创作的主体是人,是作家、诗人。没有这个主体,便没有文学创作。文学创作的客体是社会生活。社会生活是指"人"在经济、上层建筑各个方面所形成的现实关系和一切活动的总和,即"人"在一定现实关系中的物质与精神生活的总和。由此看来,没有人,就没有社会生活。离开了社会生活这个客体,也就没有文学创作。此外,文学活动不仅仅是作家的创造,还应该包含着读者的阅读和欣赏。萨特认为"在文学中,仅有作者的创作是根本不够的,还必须有一个人们称为阅读的具体活动,作品才算完成"。作品和读者之间的关系不能完全等同于作者和读者之间的关系,因此,我们不能把阅读过程看作是作者叙述给读者。实际上,阅读是一种作者、读者进行对话和沟通的过程。作为具体阅读的同时又是想

---

① 中共中央马克思恩格斯列宁斯大林著作编译局.马克思恩格斯选集[M].北京:人民出版社,1972.
② 鲁迅.门外文谈[M].北京:北京出版社,2016.

象出的对象,精神产品仅能靠作者、读者共同努力而得以实现。艺术是为别人而存在的,同时艺术也是通过别人才存在的。很明显,要想真正实现文学价值,就得靠读者与作家的交流、联合、互动。总之,文学是人学的命题从各种不同的角度都能得到证实。

(二)文学的基本属性

文学具有以下基本属性,即虚构性、真实性、互文性、模糊性和审美性。

1. 虚构性

读者常见文学作品中的人物飞上天空、穿越时空、返老还童、长生不老,想出常人想不到之策,做到常人难以做到之事。《西游记》中的孙悟空变幻万千,无所不能;蒲松龄笔下的鬼女狐仙神出鬼没,无影无踪;奥地利作家卡夫卡小说《变形记》中的主人公格里高甚至变化成甲壳虫。在科幻类小说中,这是司空见惯的寻常事,然而在以史实为基本素材的历史小说中也不乏虚构的情节。比较《三国演义》与《三国志》便可发现,尽管《三国演义》是以历史事实为依据的,但有关三国混战的叙述却不是真实的历史陈述,而是一种主观的艺术创作,充满了虚构和幻想。这不仅在"七实三虚"上有所表现,而且对那些存在历史依据的人物、事件、场面、细节的描写,也都被作者的主体意识渗透,加以改造、修饰和变形;"乱世奸雄"的艺术典型曹操不是历史上曹操的本来面目的再现,就是突出例证。现代历史剧《蔡文姬》的作者郭沫若曾公开申明:"蔡文姬就是我!——是照着我写的。"文学是现实生活的一面镜子,它反映现实生活,但不是对现实生活的照抄照搬。基于对现实世界的认知与感悟,作家可对现实生活进行选择、提炼,通过现象与虚构使之升华为文学作品。因此,虚构是作家、艺术家对其主观性的把握,是其主体性的具体体现。

2. 真实性

真实与虚构似乎是一对悖论,两者是文学的一对看似矛盾而实则不可或缺的属性。人们常说作家、艺术家需要深入人民群众,体验生活。体验生活为何?当然为了获得真实感受。真情源于体验,没有真情便不会有真正的文学。古今中外的文学家、艺术家都把真实性视为艺术的生命。屠格涅夫曾告诫年轻作家,在文学作品创作时,在自己的感受方面,需要真实、严酷的真实。当然,就文学创作而言，真实指的是艺术的真实，不是对现实生活的自然主义的描摹，而是对现实的反映。战场上的千军万马展现在舞台上也许只有六七个人；地域时空上的万水千山、日月经年在荧屏上仅是些许镜头。人们常见的出现在戏院的楹联是"三五人千军万马，六七步四海九州""能文能武能鬼神，可家可国可天下"，这便是艺术真实。艺术真实具有一定的假设性，它以假定的艺术情境反映和表现社会生活。这是一切艺术，包括文学创作的共同规律，即便报告文学也是作家透过生活的表层对社会的内涵所做的概括、提炼、升华的结果。

文学创作的真实性是对现实生活的超越与升华，作家只有深入体验社会生活，细细品味其内在的蕴涵，才能提炼出本质的精髓。

3. 互文性

这里讲的互文性并非汉语中的互文修辞格（如"不以物喜，不以己悲""秦时明月汉时关"等），而是指两个或多个文本之间的相互关系，即文本间性。这与学界对互文性的解读与定义大致相同。巴特声称"每一篇文本都是在重新组织和引用已有的言辞"①。热奈特认为："没有任何一部文学作品中不在某种程度上带有其他作品的痕迹，从这个意义上讲，所有的作品都是超文本的，只不过作品与作品相比，程度有所不同罢了。正如一个人和他人建立广泛的联系一样，一篇文本不是单独存在，它总是包含着有意无意中取之于人的词和思想，我们能感到文本隐含的潜移默化的影响，我们总能从中发掘出一篇文下之文。"②故此，首先提出"互文性"概念的法国符号学家朱莉亚·克里斯托娃认定，任何文本的产生，都是基于先前文本的遗迹或记忆的，或是通过吸收、转化其他文字来形成。由此可以认为，互文性包括某文学作品对其他文本的引用、参考、暗示、抄袭等关系，以及所谓超文本的戏拟和仿作等手法。互文关系包含了对特定的意识形态——文学传统的传承和记忆，以及以文本为素材而进行的变化和转化。文学界一致认同爱尔兰作家乔伊斯的小说《尤利西斯》就是对荷马史诗《奥德赛》情节的搬用和改造。从《尤利西斯》人物造型中，我们可以看出荷马人物的影子，也可以看出乔伊斯在创造上的天赋和灵感。这种借鉴与参考是文学创作中常见的传承性互文。有的作者则明白无误地点明了自己的作品与其他文本的关系，如毛泽东的《浣溪

---

① 艾青. 中国现代作家选集·艾青 [M]. 北京：人民文学出版社，1983.
② （法）蒂费纳·萨莫瓦约著；邵炜，译. 互文性研究 [M]. 天津：天津人民出版社，2003.

沙·和柳亚子先生》《蝶恋花·答李淑一》等。

4. 模糊性

法国思想家伏尔泰认为世界上不存在能表达我们所有观念和所有感觉的完美的语言。模糊是自然语言的本质特征。刘再复指出文学与科学的一个根本区别也恰恰在于科学是依靠数字概念语言来描述的[①]。这个概念上的特点使得科学具有很高的精确性和清晰性，而文学则是通过形象、情感、情节等审美语言来表现的。这就是文学的模糊性所在。这种模糊性在一般的典型性格世界中尤为突出，因而，模糊是艺术形象也是人物形象的本质特点。

语言是文学的载体，模糊亦是文学的基本属性。

什么是模糊？学者的释义也不尽相同。美国哲学家、数学家兼文学家皮尔斯1902年为模糊所下的定义是"当事物出现几种可能状态时，尽管说话者对这些状态进行了仔细的思考，实际上仍不能确定，是把这些状态排除出某个命题还是归属于这个命题。这时候，这个命题就是模糊的"。[②]皮尔斯的这一定义与文学模糊的基本特征相一致。尽管学者们关于模糊的定义见仁见智，但模糊的以下几点特征是可以肯定的。

首先是不确定性（indeterminacy）。在语义、句法、意象、语用等方面都存在着不确定因素，比如"青年"一词的语义存在着不确定性。《现代汉语词典》把这个时期界定为"人十五六岁到三十岁左右的阶段"。这个定义本身就包含着"十五六岁"和"三十左右"这两个存在不确定性的词语。但是，在现实生活中，"青年"这个词语的不确定性更大，大学里的年轻老师一般是指45岁以下的人；青年语言学奖的评选对象也要求不满45岁；而共青团员的退团年龄为28周岁。

其次是相对性（relativity）。模糊的相对性可以因地域、时间、文化习俗和个人的喜好而不同。比如，"高楼"这个词的意义会因地域的不同而不同，纽约超过40层的建筑才被称为高楼，华盛顿超过10层的建筑就是高楼。"老年"一词在意义上的模糊性是一种双重的相对关系，它在不同的时间和不同的地域之间存在着差异。《管子》中有这样一句话："六十以上为老男，五十以上为老女。"中国人以前总以为七十岁就是稀世珍宝，而如今八旬老翁也不在少数。另外，"老年"

---

① 刘再复.论人物性格的模糊性与明确性[J].中国社会科学，1984（06）：147-170.
② 王寅.语义理论与语言教学[M].上海：上海外语教育出版社，2014.

一词的语义在非洲与在欧洲和北美洲的内涵是不相同的。东西方人在文化传统和价值观上的差异体现在审美观上。以世界小姐（Miss World）为例，各国的佳丽汇聚一堂角逐世界小姐，甲国的美女之冠在乙国人看来可能算不上美，甚至还觉得很丑。即便是世界小姐也不会被各国人们都认可。就传统而言，东方人尤其是中国人认可的美女应该具有白皙的皮肤、鸭蛋脸、杏仁眼、樱桃小口，而西方人认可的美女则是大嘴、性感加上brown的肤色。可见，美女亦是相对而言的。

最后是从精确到模糊的转换。从概念意义上讲，某些词语，特别是数量词其语义上是精确的。但在实践的应用当中，特别是在文学中，这些词语的意义会从精确转换为模糊，数量词自身也会从确数转换为概数。英汉两种语言中都存在这样的现象，且并不少见。

5. 审美性

在讨论文学的审美属性之前，有必要讨论"什么是美"的问题。美是什么？东西方美学家们见仁见智，既有共同点，亦有相异处。我国古代哲学家庄子认为，世界上的事物是"各美其美"的，"逆旅人有妾二人，其一人美，其一人恶；恶者贵而美者贱。杨朱问其故。逆旅小子对曰：'其美者自美，吾不知其美也；其恶者自恶，吾不知其恶也。'"[1] 英国哲学家休谟认为，美只存在于鉴赏者的心里，不同的心会看到不同的美。法国启蒙运动的领袖和导师伏尔泰说，如果你问一个雄癞蛤蟆：美是什么？它会回答说，美就是它的雌癞蛤蟆，两只大圆眼从小脑袋里凸出来，颈项宽大而平滑，黄肚皮，褐色脊背。三位哲人的共同认知是"情人眼里出西施，说到趣味无争辩"。尽管它带有个人爱好和主观倾向性，但美属于人类精神层面的认知感受与体验。这一点是以上三者，也是大多数人的共识。然而，生物学家达尔文认为："如果我们看到一只雄鸟在雌鸟面前尽心竭力地炫耀它的漂亮羽衣或华丽颜色，同时没有这种装饰的其他鸟类却不进行这样的炫耀，那就不可能怀疑雌鸟对其雄性配偶的美是赞赏的。"[2] 显然，达尔文认为动物对美也有鉴赏能力。乍看起来，这种观点有一定的道理，但事实是，一只雌癞蛤蟆不会因为雄青蛙比雄癞蛤蟆"漂亮"而去"追求"它，一只雄性麻雀也不会拜倒在娇凤鸟的"石榴裙"下。动物只有性感，而没有美感，雌雄动物相互吸引属于物的自然

---

[1] 庄周. 庄子[M]. 长春：时代文艺出版社，2008.
[2] 达尔文. 人类的由来及性选择[M]. 北京：科学出版社，1982.

属性，而非社会属性。美绝不单纯取决于物的自然属性，而取决于其自然属性与社会属性的融合，取决于两者的关系适应人类社会生活需要的程度与性质。无论自然美、社会美，还是艺术美，都是审美者认知、体验、感受的结果。

二、文学翻译

（一）文学翻译概述

文学翻译是最早出现在西方翻译理论中的一个独立概念。在西方翻译界，翻译工作者们常常将翻译视为一种"再创作"。西塞罗提出了"演说家式的翻译"，这种译法对后人产生了很大的冲击，后来的列为、加切奇拉泽等人都把文学翻译作为一种文学创作，强调其创造性和随意性，而忽略其自身的局限。

文学翻译的根本特征就是它的艺术性，它表现为审美性和形象性。因此，再现原作艺术形象和艺术风格对文学翻译来说是不可或缺的。审美是一种思维方式，是一种充满诗情画意的思考与体验方式。文学翻译之所以具有审美性，一是因为译文能反映原文的艺术价值，二是译者在翻译原文的时候，就会下意识地将自己的情感和想象注入原文中，将原文的人物、气氛、语言与自己的理解结合起来，这就是一种审美的具体形象体现。译者正是使用形象思维来分析原文，才能通过目的语形象地把原作的艺术气息表现出来。

（二）文学翻译的性质

文学翻译的性质分别是相对忠实性、模仿性和创造性。

1. 相对忠实性

文学翻译是一种艺术形式，其与非文学的翻译要求忠实于原文，达到等值或等效是不同的，文学翻译绝不可能绝对忠实于原作。这有多方面的原因。

（1）读者的差异。地区、时代、文化水平不同的读者，在阅读译作时会有不同的理解与体会。从这个意义上讲，译者就无法完完全全将原作的思想、美感和艺术价值"同等"地传达给每一位读者。

（2）译者的差异。译者对文学原作的认知和理解受其文学素养以及生活阅历、知识储备、文化修养、语言水平等影响，这就是为什么很多文学作品在各个国家都有不同的翻译版本。例如，《浮士德》在苏联就有20多种译本，《红与黑》

在我国也有多种译本。

（3）不同语言间的差异。文学翻译中的原作与译作是两种不同的语言，二者的文学性是不同的，这一点毋庸置疑，有些用特殊的语言体现出来的文学性是无法翻译的，如中国古诗词中的韵律和节奏，在英语中是无法表达出来的。另外，在文学翻译中也会出现文学性增加的情况，如将唐诗翻译为英文后，少了汉语中的韵律和节奏感，但增加了英语的韵味。

2. 模仿性

古今中外，人们都在强调艺术作品对自然的模仿。模仿论把文学看作是对真实世界的一种模仿，如德谟克利特（Democritus），他认为人类学会了唱歌是因为模仿了像天鹅这样的鸟类。苏格拉底（Socrates）提倡，如肖像、雕刻等艺术作品都应该让人感到"像是活的"。亚里士多德（Aristotle）进一步确认艺术是对现实世界真实性的模仿，他把绘画、诗歌、雕刻等艺术形式称作"摹仿的艺术"，它们都具有"摹仿"的功能。

在漫长的文学创作历史中，人们发现，创造和自然、艺术与客观世界有着密切的关系。而文学翻译本身又是一种艺术的表现形式，或者说，是一种模仿原文的艺术。

文学翻译的模拟性对译者提出了要求，即需要译者在传达作品的信息的时候，既要考虑到语言的表现形式和作品文旨，又要考虑到作品的风格特点、时代氛围和作者的审美情趣等。

3. 创造性

文学翻译的审美价值充分体现了其创造性，其涉及多方面的因素，包括译者的想象、情感因素和认知因素等。译者在与原作双向互动的基础上，领略原作的文学意境并根据自己的理解创作原文，准确传达原文的艺术意境，力求译作的"美"与原作等值。这个互动的过程就体现了译者对原作的审美创造。

三、影响文学翻译的因素

由于文学翻译自身的特殊性，以及其相对的主观性，许多因素都会影响到译文的产生。

（一）时代与意识形态

时代对文学翻译有很大的限制和影响，而在不同时期对翻译文本的选择也有很大的影响。例如，中国近代文学史上的左翼文学运动时期是从"左联"成立至抗日战争爆发。这一时期的翻译文学是左翼文学运动不可或缺的一部分，伴随着无产阶级革命文学的发展而发展，它大量翻译了马克思主义理论和苏联社会主义现实主义文学作品，为无产阶级革命文学运动和革命斗争服务；又如20世纪70、80年代改革开放的浪潮，逐渐出现了反映新的价值观和生活方式的作品。由此可见，革命文学与生活文学都是时代需要下的产物。

意识形态指的是社会、政治思想或世界观，是由赞助人、人民以及要求翻译和出版的机构强加在译者身上的。任一社会都有自己的一套新闻审查体系，且都是以本社会意识形态为基础而建立的。而异国文学作品要进入译入语文化，就必须得到有关审查部门的许可。无论是道德、价值还是宗教观念，只要它与译入语的主流意识形态相抵触或有冲突，再或者是损害了赞助者的权益，那么译者就必须对翻译进行一定的修改，而如果译入语文化的意识形态要求极其严格的话，就永远没有出版的可能。

（二）文化因素

由于历史传统、生活地域、风俗习惯存在差异等原因，不同的国家和民族对同一事物涵义的理解也不尽相同，因而对同一问题的思维方式也会不同。所以在翻译过程中，一定要充分考虑到文化因素，如果不重视就会产生误会，甚至产生文化上的冲突。

比如"挥金如土"是我们在阅读文学作品时常见的一个词语，顾名思义，该词是说把金钱当泥土一样任意挥霍，用来形容人使用钱财时毫无节制和规划。英语中与该词意思对应的是 spend money like water，因为英国的地理环境和中国陆地地域居多的地理环境不同，英国人所生活的地方环海，"水多"的地域生活环境决定了该表达与中国对"挥金如土"的表达之间的不同。如果在翻译"挥金如土"时要将"土"翻译出来，就显得不太合适了。

再如"你真是狗咬吕洞宾，不识好人心！"这句话也常在中国人的生活中被用到，这句话用来形容人不知感恩，且具有一定的中华民族传统文化背景。如果对中国传统文化认识不够,不了解吕洞宾这个人,那么直接对字面进行翻译的译文会无法充分表达该句涵义,需要进一步解释。如果译成"You ungrateful thing! Like the dog that bit Lu Tungpin—you bite the hand that feeds you."那么就算读者不认识吕洞宾,也能大致明白这句话的意思。

所以,要理解和把握翻译中的文化语境和文化因素,并对其进行适当的分析,以达到翻译更清楚、更精确的目的。

(三)译者因素

1.译者的文化态度和目的

翻译是一种主观性的行为活动,在整个翻译过程中,译者是主要从事者,同样扮演着读者这一角色。译者在源语文化、译入语文化方面的态度,将对翻译策略的选择产生影响。当译者认为译入语文化是位于源语文化之上时,译者在翻译时就会倾向于采用归化策略;当译者认为源语文化相比较译入语文化更优秀时,译者往往会采取异化的翻译策略,其中比较典型的例子是五四运动后的左翼进步力量,以鲁迅为代表的他们把西方文化看作是比较先进的文化,希望借由引进外来文学来改变中国的社会与文化,以弥补汉语不够准确的缺点,所以往往采取了异化的翻译策略,即鲁迅所说的译文要有"洋味儿"。因此,译者看待一种文化优劣的态度将对译者的翻译策略和读者的接受程度造成直接影响。

2.译者的风格

"文如其人"是一种高水平的审美活动,不同的作者都有自己独特的文体风格,而译者同样拥有属于自己的独特风格。从某种意义上讲,文学翻译是一种艺术的再创作,因此在翻译过程中,译者的性格、风格都会在不经意间显露出来,译文中不可避免地会带有译者的影子。当然,优秀的翻译应该尽量做到译者和作者风格的一致性,并借助语言手段来缩短二者的距离,同时译者在对待原作时要做到客观公正,在翻译时尽可能地贴近原文的风格。

(四)读者因素

每个译者都希望自己的译作可以被译文读者所接受和理解,而这离不开读者"期望视野"这一概念。一国读者在长期阅读本国民族文学作品后,会形成一种固定的阅读习惯和模式,这一习惯会存于记忆深处。读者一旦接触到新的译著,其自身的阅读习惯和模式就会产生一种期望，当读者的期望视野与译文文本视域重合时，则会使他更容易接受、更好地理解译文；相反，则不可能达到最大程度的接纳，甚至会对译文产生排斥心理。因此，译者如何正确地把握和定位读者的期望视野，直接关系到译者在翻译策略上的选择。译者若以为译本的目标读者喜爱带有些许欧化、异国情调的作品，则可能会选择异化的翻译策略，从而使译文更贴近原著；如果他觉得汉语的语言表达方式更适合于读者，则会在词汇和语法方面的选择采取归化翻译策略，使译文更贴近汉语表达习惯。只有在对期望视野有了清晰明确的认识后，译者才能在翻译过程中采用适当的翻译策略，以达到读者可以接受和欣赏译文的目的。

第二节 文学翻译与文化研究

一、文学翻译中的文化语境

（一）文化语境

1. 文化语境的定义

最早提出文化语境概念的是英国人类学家马林诺夫斯基（Malinowski）。

人类是在特定的文化背景下生存的，这种文化会影响人类的思维、行为、交际等。在语言交际中，要准确理解对方的话语，必须结合一定的社会文化知识背景，也就是文化语境。

语言是文化的一部分，与文化密不可分。在语言交际的过程中，为了更好地理解语言，就必须充分地了解当地的文化，只有理解文化才能更好地了解语言的深层涵义，便于有效地进行交际。在这种情况下，语言和文化的融合就形成了一个文化语境，而对语言交际来说，文化语境也是必不可少的。

文化语境具有很强的外延性，不仅仅包含了文字，而且它也是影响语义的非言语因素。由于文化语境的限制，不同的言语社团在长期的社会交往中，都会形成一种较为固定的交际模式或语篇的语义结构。具体而言，文化语境涵盖了当时的政治、历史、哲学、民俗、宗教信仰等，也包含了当时的文学创作作品。

一些学者认为，情景语境和文化语境是相互补充的关系，情景语境是文化情境的具体实例，而文化情境则是情景语境的抽象系统。对于文学作品来说，其人物的创设与情节的发展也都体现着一定的文化特质和语境关系。在文学翻译中，同样需要考虑源语与译入语的文化语境。

2. 文化语境的功能

文化语境的功能主要有限制功能和解释功能两种。

（1）限制功能

缺少了具体的文化语境，人们无法确定词义与句子涵义，便无法进行准确的语言理解。

（2）解释功能

与限制功能相对，文化语境还具有解释功能。众所周知，语言与文化密不可分，语言反映文化，文化制约语言。具体语篇中的文化因素，能够反映出民族的社会习俗、宗教、思维等特征。这些具体文化信息的出现，能够为译者提供一定的信息，从而使其能够充分理解原文，强化译文的忠实性。例如：

It was Friday, and soon they'd go out and get drunk.

译文一：周五了，他们马上出去喝个酩酊大醉。

译文二：周五发薪了，他们马上出去喝个酩酊大醉。

如果原文的翻译为译文一，那么不了解具体文化背景的读者也许无法理解为什么周五要出去喝酒。而译文二考虑到具体的文化差异，添加了具体的信息，表达了周五是发薪的日子，所以大家要出去喝酒。在翻译中这种正确的文化导入就是基于译者对文化语境的了解，也就是英国的蓝领一般在周五领薪水。

（二）文学与文化语境的互动关系

文学是在特定的语境中呈现和产生意义的，它的文化语境体现在如下三个方面。

（1）作者创作的语境。

（2）读者阅读时的语境。

（3）文本的历史语境。

文化语境对作品有着重要的影响。例如，中国古诗词通过寥寥数语，就能使人感受到丰富的意境与韵律。

文学作品的意义是在特定语境中产生的，这种语境涵盖了政治、经济和文化的不同层面。这些看似没有联系的文学语境，却可以为作品构建一个框架，反映出作者的思想。

（三）文化语境对文学翻译的制约

文化语境对文学翻译的制约主要体现在源语文化语境、译入语文化语境和译者文化语境三个方面。

1. 源语文化语境对文学翻译的制约

文学作品的翻译必须综合考虑各种不同的文化因素。翻译时，如果不了解相关文化语境，译文的质量就难以保证。在众多文化因素中，源语文化语境对翻译有着最直接的影响。当译者不具备相关源语文化知识时，根本无法对原文进行准确理解，更谈不上进行适当翻译了。

外国文学作品的生成与传播都是在其源语的社会背景中进行的，因此，翻译这些作品必然要受其源语文化环境以及原文作者所处文化背景的影响。

文学翻译不仅需要译者具备语言转换的能力，同时还要具备一定的文化背景基础，在此基础上，还应有文学素养作支撑。译者作为翻译的媒介，应该认识到源语文化语境的关键作用，从而更好地进行翻译活动，促进译入语读者对文本内容的吸收与消化。

2. 译入语文化语境对文学翻译的制约

国外学者们把翻译看作是一种跨文化的交流活动，译文的语义最终由听者和读者在自身文化背景引导下对文本的理解所决定。

翻译实践活动是在不断发展变化的社会历史活动中进行的，每一部作品都是在特定的社会文化历史环境中产生和发展的。因此，这样的翻译作品要求结合译者所处的时代背景和历史阶段，对原作进行重现和深层次阐释。同样的一部作品在不同的时代的翻译都会展现不同的特色，译文也可以体现出译者所处时代的文化状况。

另外，受这些社会背景、社会环境的制约，译者的人生观、价值观也发生了变化。例如，在清末时期，以康有为、梁启超为代表的维新派主张学习西方先进的文化，翻译了不少有关西方的著作，目的是"师夷长技以制夷"，希望运用新的思想来教化国民。

不同文学作品的翻译还受到同时代译入语文化语境的影响。翻译史显示，在一个社会的特定时期，译者往往会集中在一种外国文学作品或一位外国作家的著作上进行翻译。这些作品的译介符合当时的社会背景，在语言上也能体现出当时的时代特点。因此，译入语文化语境对文学翻译也有一定的制约。

3.译者文化语境对文学翻译的制约

译者是文学翻译的重要媒介，直接决定译文质量和读者对文本的理解程度。译者文化语境对文学翻译的制约主要体现在以下几个方面。

（1）译者的翻译观

译者的翻译观是指译者在翻译活动过程中的一种主观的倾向，是进行文学翻译的前提，直接对翻译目的、译文内容和翻译过程产生影响。在进行文学翻译时，译者到底是选择以语义为中心还是选择以文化为中心，这都需要译者本身的立场来决定。在文学翻译中，有些译者倾向于直译，有些倾向于意译，有些则是倾向于转译等。

例如，在《圣经》中有这样一句成语 flowing with milk and honey，这句话是选择西方人比较熟知的"牛奶"和"蜂蜜"作为喻体来指代一个事物，翻译成中文的时候，有些译者直接译成了"奶蜜之乡"，有些译者用意译的方式翻译成了"富饶之地"，有些则从转译的角度翻译成了"鱼米之乡"，我们不能评判这些翻译的对与错，只能说这是根据不同译者的翻译观而定的。

（2）译者的文化立场

文学作品带有一定的主观性，在翻译过程中，译者的文化立场和翻译意图对文本翻译也有着重要的影响。在译者文化立场的影响下，翻译的策略也会随之改变。一般而言，译者的文化立场包括源语文化立场和译入语文化立场。

例如，当中国处于半殖民地半封建社会时，传统文化受到了很大的冲击，那时候的翻译大多以直译为主，但是由于国人传统思想禁锢，很多译者在翻译时仍将外国语言翻译为本国传统语言。可见，即使在同一历史时期，由于译者的文化立场不同，翻译的文本也不尽相同。

（3）译者对文化的理解

译者对文化的理解程度主要包含以下两个方面。

①是否掌握原作的语言涵义。

②是否理解原作文字之外的文化背景。

译者是翻译活动的主体，理解源语文化背景有助于整个翻译过程的顺利进行。语言是这个特定文化社会的重要组成部分，每一种语言的差异都会反映这个社会的事物、习俗以及活动的特征。因此，译者在翻译文学作品之前，应该首先要熟悉原作者的个人经历、家庭背景以及作者的写作特点等。

（3）译者的文化素养

为了实现准确的翻译，译者需要提高自身的跨文化素养，这主要体现在如下两个方面。

①提高对文化的敏感性和自觉性

传统的翻译观将翻译的中心放在语言的研究层面，即语音、词汇、句法等的翻译上，却严重忽视了文化层面所造成的问题。目前，这种情况已经逐步得到了改善，译者已经意识到翻译的文化性比翻译的语言性更重要。因此，译者应该提高自身对文化的敏感性，把注意力更多地放在文化研究层面，这样才能灵活地处理中西方文化的差异。

②努力成为一个真正的文化人

有学者曾指出，译者必须是一个真正意义上的文化人，译者首先要掌握好两种语言，然后逐步精通两种语言背后的文化。一般情况下，译者需要具备物质文化学、生态学、社会文化学、宗教文化学以及语言文化学等方面的知识。可见，文化翻译理论涉及的知识面是非常广泛的，其内容也十分的丰富。译者只有拥有扎实的语言和文化功底，才能承担跨文化交流的重担。

（四）文化语境下文学翻译的策略

在不同的文化语境下，文学翻译既是一种语言的嫁接，也是一种文化的移植。所以在进行文学翻译时，译者不能将源语文化体系强加在译入语文化上，这样不利于文化的沟通与文学的发展。上文主要对文化语境对文学翻译的制约进行了分析，本节承接上文，主要归纳一下文化语境下文学翻译的策略。

1. 文化归化策略

文化归化（domestication）策略指的是将源语表达形式进行省略，替换成译入语的地道表达形式。使用这种文学翻译策略，会使源语文化意义丧失，在一定程度上会形成新的译入语文化作品。

2. 文化异化策略

文化异化（foreignization）指的是译者保留源语的文化以及尽量向作者的表达方式靠拢的翻译策略。虽然语言都是对客观世界的反映，但是在不同的文化背景和思维方式等的作用下，不同的民族对同一事物所产生的文化联想也不尽相同。

中西方人的心理与思维方式因社会的影响、文化的熏陶而存在一定的差异。对于这类翻译，译者应优先选择异化法，保留源语文化形象，有效地传达了原文的信息，有利于读者加深对源语文化的了解和理解，促进跨文化交流与沟通。

综上可见，异化法的翻译具有以下几个优点。

（1）能增强源语在翻译过程中表达的固定性和一致性，有助于在不同语境中维持译入语和源语表达之间的统一。

（2）异化法翻译能够使译入语的语言简洁、独立，且可以保持源语的隐形象。

（3）异化翻译法的应用，不仅可以改善译文的语境适应性和连贯性，而且可以促进不同语言间的词语趋同。

3. 文化诠释策略

文化诠释（the annotation）策略指的是通过加字或者解释的方式对外来文化进行翻译，从而为译入语读者提供一定的语境或文化信息。采用文化诠释法能够促进文化之间的沟通与交流，增加文化之间的了解。

4. 文化融合策略

文化融合（the integration）指的是源语文化表达形式与译入语文化表达形式相融合，以一种新语言形式进入译入语。文化融合策略的使用是基于英汉文化表达形式和文化背景的差异性。在具体的文学翻译过程中，一些词语在译入语中并没有对应的表达形式。此时，译者需要在自身的文化素养和翻译能力的基础上对文本进行融合，从而促进译入语读者的理解。

译者是翻译的重要媒介，文学翻译在其文本特点的影响下，可以被看作一种文学再创造。文化融合策略就是这种再创造的重要手法。例如，《红楼梦》中，出现了"一群耗子过腊八"的表达，西方国家并没有这样的节日习俗。在霍克斯翻译中，其采用了文化融合策略，将"腊八"翻译为了 Nibbansday。这个词为霍克斯首创，可以直译为"老鼠的节日"，符合原文的表达，再现了中西方文化的特点。

5. 文化阻断策略

文化阻断（the block model）策略主要针对的是一些独特文化的表达形式。当这种带有鲜明民族文化的表达无法以译入语语言形式再现时，文化内涵便被阻断，文化意义无法进入译入语语篇。采用文化阻断的策略能够增加译文的通俗易懂性，便于读者对文本的吸收。但是由于不能保留文化意象，在一定程度上也阻碍了文化的沟通与交流。

6. 文化间歇策略

文化间歇翻译策略是一种建立在文化间性主义的基础上的一种翻译观。这种翻译策略要求构建一种相互协调、互惠互补的关系。在多元文化的当代社会，文化间歇策略通过运用文化共性进行文学翻译，能够促进文化的沟通。

译者应该具有文化间性的身份，具有文化间性身份的人会主动内化不同文化的组成要素，并且对不同文化的发展和进步持有开放、接纳的态度。用文化间性的理论去指导文学翻译实践，必然可以带来以下三种益处。

（1）译者会以开放的态度对异己文化进行包容和接纳，从而寻求最得体的方式来分析不同的文化。

（2）译者会对源语文化进行开发和拓展，运用共性的思维对中西文化进行思考，进而将源语文化推向世界。

大体上说，文化间歇翻译策略弱化了文化异化策略和归化策略的极端性。

在文学翻译中使用文化间歇策略需要译者把握好尺度，要注意从以下几个方面着手进行。

（1）译者将异国文化完全置于自己的文化当中。

（2）为了异国文化而抹掉自身文化的存在。

（3）对异国文化尽可能地了解，进而逐渐恢复自身文化的身份和地位。

（4）在保持中立的基础上，逐步找到异国文化与自身文化的均衡点。

7. 文化风格策略

文学作品都带有自身的风格，能够体现出作者的文学素养和表达特点。在进行文学翻译时，译者也可以根据表达需要对原文的文化风格进行再现。具体来说，风格包含以下几个方面的内容。

（1）文体的风格，如诗歌、小说等不同的文学文体有着不同的风格，要求译者在进行文化翻译时，做到文体风格的再现。在风格的各个方面中，文体风格是最主要的。

（2）人物的语言风格，也就是见到什么人说什么话，这在文学作品中尤为显现。

（3）作家个人的写作风格，译文应尽量体现或简洁或华丽或庄重或俏皮等原作者的风格。

二、跨文化视角下的文学翻译

（一）跨文化翻译重要性

在进行文学作品翻译的过程中，两种语言之间存在的文化背景差异性会直接对翻译结果产生影响。若文学作品翻译的过程变为深度解读其背后的文化背景以及所翻译语言的文化差别，结果则很难呈现出高质量的翻译。所以基于跨文化是造就文学作品翻译的过程，要高度注重语言背后蕴含的社会文化以及不同文化背景之间存在的显著差别，在翻译的过程中采取有效的翻译手段和策略，以此来提高翻译结果的准确性。在文学作品翻译的过程中，文化因素始终是不容忽视的重要内容。想要借助文学作品翻译，实现文化之间的交流和互通，一方面要准确翻译原文语言，深刻理解其涵义，另一方面则要在语言翻译的过程中解读文化内涵与差别，以此来深入理解文学作品内涵，避免在翻译过程中出现语言和文化障碍。

（二）跨文化视角下文学翻译策略

1.注重文化差异，加强文化融合

伴随近年来经济全球化发展，各国之间文化交流越发频繁，不同国家和民族的文化在世界交往过程中发生强烈的冲击和碰撞。文学作品翻译作为文化交流的重要手段，在实际翻译过程中要注重文化的差异性，加强文化解读与融合。无论是在英美文学作品或我国文学作品翻译的过程中，均要求翻译工作者充分了解原文作者的成长经历、文化背景、宗教信仰、创作理念和创作思路，主要是由于不同文化背景下所形成的文学作品必然有所差异，翻译工作者要在注重文化差异的基础上保留原文作者的创作思维与逻辑，并迎合一般受众的喜好，通过双方文化的合理交融增强受众对译本的认可。在英美文学作品翻译的过程中，翻译者要从

多种途径深入学习西方文化,了解英美文化和宗教信仰,以及不同文化背景下语言所表达的实质性涵义,继而消除文化差异,将文学作品进行高质量翻译。只有翻译者尊重文学作品的文化背景并加强文化融合,才能让读者清晰理解原文作品涵义,同时彰显翻译特色和品质。

2. 转换逻辑思维,运用翻译手法

在进行文学作品翻译的过程中,不仅要注重文化差异,更要注重跨文化背景下的思维转化,快速基于不同文化背景带入逻辑思维,并掌握多种翻译手法,快速的思维转换加之严谨的语言架构,才能实现跨文化背景下文学作品的精准翻译。第一,直译法,通过直译将文学作品语言进行直接转换,保证两种语言的涵义精准对接即可。第二,转化翻译法,指的是将文学作品原文语言涵义的衍生意义,通过另一种语言呈现出来。以英美语言为例,文学作品翻译过程中存在特殊语句寓意,以及一些比喻方式,可以通过直接转化的方式,避免译文内容读者理解困难。第三,综合翻译法,翻译者要对要翻译的文学作品有深入解读,了解作者表达的内涵意涵,以及该文学作品的文学艺术价值,继而通过语言的重新组建,加之本土文化思维的融入,准确将原本文学作品的涵义通过另一种语言形式呈现。总而言之,基于跨文化背景下,在进行文学作品翻译的过程中,翻译者要注意逻辑思维的转换,并掌握多种翻译手法,才能避免跨文化影响翻译结果准确性。

第三节　诗歌、小说与英语翻译

一、诗歌翻译

(一)诗歌概述

诗歌既是一种重要的文学艺术形式,同时也是最为古老的传统文学形式。从某种程度上来讲,诗歌艺术的繁荣是文学艺术繁荣的一种体现。

人们可以通过诗歌来表达对生与死的感叹,可以用来抒发情与爱,可以表达对小至日常事物、大至宇宙的感受与体悟。

关于诗歌的社会功用，我国杰出的思想家、教育家孔子曾总结："小子何莫学夫诗？诗可以兴，可以观，可以群，可以怨。迩之事父，远之事君，多识于鸟兽草木之名。"(《论语·阳货》)孔子的这一概述可以说是对诗歌的高度赞扬。

孔子的兴、观、群、怨的诗学理论具有开创性，影响深远。下面简要进行分析。

（1）兴。孔子所谓的"兴"指的是"起"，即对道德情感的激活。就艺术创作而言，最需要激情的是诗歌与音乐。所以，诗人与音乐家在创造作品过程中，通常会唤起曾经体验过的情感，同时通过将其转化为诗句和韵律将这种情感传递出来，引发读者和听众的共鸣，这就是移情。这就是"诗可以兴"所表达的意思。

（2）观。所谓的"观"，指的是"观察""考察"。根据孔子的观点，诗歌既可以将诗人的心理与情感展示出来，同时也可以反映特定历史时期群众的心理与情感以及社会的风俗盛衰。这就是所谓的"诗可以观"。

（3）群。这里的"群"作动词用，词义是"合"。孔子认为，人通过赋诗，彼此交流、沟通，从而促进人际关系的和谐，使国家内部团结在一起，使国与国之间联合在一起。这便是"诗可以群"的内涵。

（4）怨。"诗可以怨"指的是诗人通过诗歌可以发泄怨恨、排解忧愁。

总体而言，孔子的兴、观、群、怨的诗学理论与"诗言志，歌咏言"可以说是对诗歌作用的全面概括。

这里将诗歌与功能的作用总结为："抒发诗人之情，言明骚人之志，教化平民百姓，洞察时世民情，反映民众意愿，怡悦读者身心。"

（二）诗歌的语言特点

与其他文学体裁相比，诗歌具有独特的语言特点，具体体现为：节奏明快、音韵和谐、结构独特、语言凝练、多用修辞、意象丰富。下面分别予以详细的论述。

1. 节奏明快

诗歌十分讲究节奏，没有节奏不成诗歌。诗歌的节奏体现在有规律的音节、停顿的长短和音调的轻重抑扬变化上。

英语诗歌包括格律诗与无韵诗。这两类诗歌都体现出节奏明快的特点。

在英语诗歌中，格律诗的节奏感最强。格律诗可分为诗节，诗节又可分为诗行，诗行又可细分为若干音步。

常见的音步主要有抑扬格（Lambus）、扬抑格（Trochee）、扬抑抑格（Dactyl）、抑抑扬格（Anapest）。英语诗歌每行的音步数不同，主要有八种，即单音步（monometer）、双音步（dimeter）、三音步（trimeter）、四音步（tetrameter）、五音步（pentameter）、六音步（hexameter）、七音步（heptameter）和八音步（octameter）。如果一首英语诗歌使用的是扬抑格，每行诗句含有两个音步，那么就可以称为"两步扬抑格"。

无韵诗不讲究押韵，但是节奏也十分明快，通常以抑扬格五音步为一行，其中最典型的代表就是莎士比亚的诗歌。

总之，节奏可以使诗歌变得优美动听，且使诗歌更具表现力。

相比之下，汉语每一个字是一个音节，一般是两个音节组合在一起，通过平仄转换，也就是长短交替，平调与升调或促调的交替形成顿，从而形成汉语诗歌的节奏感。我国古代格律诗的节奏通常是四字句二顿、五字句和六字句三顿、七字句四顿等。

2. 音韵和谐

与其他文学形式相比，诗歌具有押韵的特点。英语诗歌的押韵指的是在语流中，对其中相同的因素进行重复和组合而产生的共鸣与呼应。押韵可以使诗歌优美和谐，读起来朗朗上口。

根据韵音在诗行中所出现的位置，押韵可以分为尾韵与行内韵。

（1）尾韵是押在诗行的最后一个重读音节上面。

（2）行内韵则是在诗行中间的停顿或休止之前的重读音节与这一诗行的最后一个重读音节押韵，这一押韵法有利于增强诗歌的音乐感。

根据押韵音节的多少，押韵可以分为下面三种。

（1）单韵，所押韵的音局限于诗行中重读的末尾音节，这一韵体强劲有力，如诗行中以 destroy, enjoy 结尾所押的就是单韵。

（2）双韵，押韵于连接的两个音节上面，后一个音节是非重读音节，这一韵体通常比较轻柔、幽美，如 motion 与 ocean。

（3）三重韵，押韵于连接的两个音节上面，这一韵体读起来比较严谨、庄重，多用于表达幽默与讽刺，如 tenderly 与 slenderly。

汉语字音一般分为声母、韵母和升调三部分。大部分汉字都可以分为声母和韵母两大部分，但是也有小部分汉字以元音起头，称为"零声母"。因此，汉语诗歌的押韵形式与英语诗歌有较大区别。现行的汉语韵母分为十三大类，称为"十三韵辙"，即中东、人辰、江阳、言前、怀来、发花、由求、遥条、一七、梭波、也斜、姑苏、灰堆等。

3. 结构独特

诗歌具有独特的结构形式，这是区别于其他文学艺术的显著特征。英语诗歌除了散文诗之外，都需要分行，且通常有字数的规定。因此，为了在有效的篇幅中表现极其丰富的生活内容，诗歌通常打破日常的理性逻辑，而以想象的逻辑与情感的逻辑作为其依据。受想象与情感线索的引导，诗歌经常由过去跳跃到未来，或由此地跳跃到彼地，不受时间与空间的限制，这既有利于传递诗歌的意义，也有利于拓展诗歌的审美空间。

此外，英语对音步与格律的严格要求也体现了其结构的独特性。例如，商籁体诗歌：Shall I compare thee to a Summer's day？行数固定，格式也固定，同时其韵脚也是固定的，为 abab cdcd efef gg 韵。

汉语是意合语言，汉语并没有语法形态和词语屈折的变化，不会因为性别、人物、时间等而发生改变。因此，汉语的词法、句法特质要比英语灵活得多，非常适合诗词创作。汉语的意合结构在句法形态上似乎不够精确，但却为诗歌创作打开了方便之门，使诗人摆脱了束缚，冲破了语法桎梏，创作出灵动、跳跃的诗作。

4. 语言凝练

诗歌可以说是语言的结晶。与其他文学艺术形式相比，诗歌包含更多的信息。名诗佳作能以只言片语容纳高山巍岳、宇宙星空、奇特的晶体，显耀万千景象。

诗歌反映生活一般以集中性与深刻性为特色，其要求对生活材料进行精心选择，抓住富有表现力的自然景物与生活现象，采用极具概括性的艺术形象来反映现实审美。

诗人一般通过炼意、炼句、炼字使诗歌的魅力凝聚于诗歌的焦点，使诗歌充满巨大的能力与信息量，激发读者的想象力。很多优秀的诗歌作品都经过了字句的锤炼。当然，这一点在汉语诗歌中也是非常常见的。

5. 多用修辞

为了提高诗歌的感染力，达到预期的艺术效果，诗人经常会使用各种修辞手段，如比喻、比拟等。同样，汉语中很多诗词都使用了修辞。

6. 意象丰富

意象指的是"可以引起人的感官反应的具体形象和画面"。毫无凭借的、抽象的情感表达通常难以引起读者的共鸣，而诉诸具象的、经验的情感表述则一般可以使读者感同身受，留下深刻的印象，因此诗人表情达意时经常诉诸意象。

在诗歌中，意象有多种，不同的意象可以引导读者从不同角度来感受并体味意象在诗作中所包含的蕴意以及丰富的审美内涵。

从存在形态来讲，意象有动态与静态之分。动态意象一般具有叙述性；静态意象则具有描述性。

从心理学角度来讲，诗歌意象包括视觉的、听觉的、触觉的、嗅觉的、味觉的、动觉的以及联想的意象。

从具体层次来讲，意象包括总称意象和特称意象。总称意象具有交往的概括性与含糊性，且在语义与空间上都具有很大的张力；特称意象指向具体的事物，因此比较明确、清晰。

诗歌中的意象通常是诗人以心灵影射万象，使主观意象与客观物境交融互渗后所产生的一种境界。很多优秀的诗歌作品都包含了丰富的意象，以唤起人们的某种体验。同样，汉语诗歌也展现出丰富的意象。

（三）诗歌的翻译方法

在各种文学文体的翻译中，最难的就是诗歌的翻译，因此有"诗不可译"之说。这里的"诗不可译"主要说的是诗歌的音韵美与诗味难译，并不是说诗歌不能译。因此，客观来说，译诗难但是也是可以译的。

在对诗歌进行翻译时，为了更好地译出诗歌原有的内涵与意境，译者应注意以下几个方面。

（1）了解诗的内涵。在翻译诗歌时，译者应首先对原作有一个深入的理解，了解诗的内涵，抓住诗中的意象及其背后的意义。这是忠实而准确地传达原文意蕴的前提。

（2）要具有丰富的想象力。诗歌通常是诗人发挥想象力、使用形象性的语言创作而成的。因此，要想译出原诗的意象，译者也应具有丰富的想象力，从而进入诗人的想象情境，领会其中的意境。

（3）理解原诗包含的感情。诗歌的语言往往具有强烈的感情色彩，诗人借助生动的语言将心中的情感抒发出来。因此，译者只有怀着与诗人相同的感情，使用动情的语言，才可能忠实地传递原文的感情。

在把握上述几个要求的基础上，译者应采取一些恰当的翻译方法，提高翻译的效果。具体而言，翻译诗歌可以采取的方法包括：形式性翻译法、阐释性翻译法、调整性翻译法、模仿性翻译法。下面就分别予以分析。

1. 形式性翻译法

诗歌的思想内容与形式关系紧密，诗人要想更好地表达自己的思想感情，应选用恰当的诗歌形式。在对诗歌进行翻译时，译者可以采取形式翻译法，尽可能采取与原诗相同或相近的形式，保留原文的韵味。形式性翻译注重译文形式完全忠实于原文，追求译文的学术价值，通常会避免外来成分（如社会、哲学、历史、文化成分等）的介入。

形式性翻译具体应做到以下两点。

（1）确保译文保存原诗的诗体形式。诗体形式包括定型形式与非定型形式。前者对字数、平仄、行数、韵式等具有比较严格的要求，可以反映独特的民族文化特点；后者所呈现的外在形式表征着诗情的流动和凝定。从这一层面来看，译文应将原文所包含的文化特性与诗学表现功能传递出来。

（2）确保译文保持诗歌分行的艺术形式。不同的诗行形式演绎着各不相同的诗情流动路径，体现着作者各种各样的表情意图。翻译时，译者应对诗歌分行所产生的形式美学意味予以考虑。

需要提及的一点是，由于英诗与汉诗在形式上的差别较大，翻译时做到与原诗的形式完全相同是不可能的，因此在翻译实践中，适当的改变也是不可避免的。鉴于此，形式性翻译法在翻译实践中使用较少。

汉语诗歌翻译中形式对等的并不是很多，因为汉语诗歌往往是用简单字来传达丰富的寓意。

天净沙·秋思

马致远

枯藤老树昏鸦，

小桥流水人家，

古道西风瘦马。

夕阳西下，

断肠人在天涯。

Tune to "Sand and Sky" —Autumn Thoughts

Dry vine, old tree, crows at dusk,

Low bridge, stream running, cottages,

Ancient road, west wind, lean nag,

The sun westerning,

And one with breaking heart at the sky's edge.

对比原文与译文，乍一看形酷似。原曲 28 个字，译文 30 个字，似有元曲"风骨"，简洁、短小。同时，原曲的九个名词词组分别也被译成九个英语名词词组，在原曲中，只有"人家"不带修辞成分，译文中也采取这种语法结构，该种形式的对等是十分明显的。但仔细一对照也有不相似之处，如"昏鸦"译成 crows at dusk，"流水"译成 stream running，"断肠人"译成 one with break-ing heart，因为原曲之句都使用修饰语＋中心词，而译诗却相反。

2. 阐释性翻译法

在翻译诗歌时，阐释性翻译是一种常用的翻译方法。阐释性除了要保持原诗的形式之外，还强调对原诗意境美与音韵美的保留。

在意境美方面，要求译诗与原诗一样可以打动读者。意境美的传达通常涉及以下几点。

（1）再现原诗的物境，即诗作中出现的人、物、景、事。（2）保持与原诗相同的情境，即诗人所传递的情感。（3）体现原诗的意境，即原诗歌诗人的思想、意志、情趣。（4）确保译入语读者获得与原文读者相同的意境，即读者根据诗作的"实境"在头脑中产生的想象与联想的"虚境"。

在音韵美方面，要求译作忠实地传递原作的音韵、节奏以及格律等所体现的美感，确保译文富有节奏感，且押韵、动听。

在采用阐释性翻译方法时，译者要注重所面临的语言与文化方面的问题，译者应尽可能地在新的语言中重新创造与原文基本对等的作品。

3. 调整性翻译法

调整性翻译是在直译的基础上对结构进行一定的调整，从而准确地传递原文的思想，同时符合译入语的表达习惯。调整性翻译是介于形式性翻译与阐释性翻译之间的一种方法。

> 宿建德江
>
> 移舟泊烟渚，
>
> 日暮客愁新。
>
> 野旷天低树，
>
> 江清月近人。
>
> A Night-Mooring on the Chien-Te River
>
> While my little boat moves on its mooring of mist,
>
> And daylight wanes, old memories begin⋯
>
> How wide the world was, how close the trees to heaven,
>
> And how clear in the water the nearness of the moon!

此诗前两句先写羁旅夜泊，再叙日暮添愁，但是后两句却没有写为何而愁，或直接表达究竟愁绪有多浓，而是用工整的对仗描绘景色，借景言愁。"日暮"和"月"的内涵意义非常具有典型性，为整首诗定下了基调：恬淡的意境中带着一丝哀愁。而译文非常符合英语的规范，语言非常流畅优美，虽是译诗却没有任何生硬之感，这也正是为何该译文为英美读者所欢迎的重要因素。译者采用了调整性或自由式译法，不刻意追求原诗的音韵美。起行用 while 带我们进入诗人的记忆之流，"移舟"的翻译采用了主谓句式 My boat moves，避免了"移"这一动作主语的出现，采用连词 and 来承接也是宾纳翻译的一大特色，且译者非常喜欢运用跨行以及连接词等来增加译文的流畅度。通过 and 的连接，day-light waves 成了 old memorized begin 的时间状语，"客愁新"译为了 old memorized begin，全诗的诗眼"愁"的意味丢失了，以省略号结尾给读者留下很大的想象空间。接下来采用两个感叹句，没有了"愁"这一诗眼，仿佛此时译者正在回忆美好的情境一样，陶醉不已，却没有什么愁绪，也不符合汉诗不直接抒情而在景物描写中不着痕迹地暗含感情的传统。

4. 模仿性翻译法

模仿性翻译指的是译者从原始的形式或思想出发，使用译入语对原诗进行再创造。严格来讲，这很难说是一种翻译。读者在阅读这类作品时，与其说喜欢原文，不如说是喜欢译文。根据拉夫尔的观点，它其实是一种杂交的形式，既不是原诗，也不是翻译，但是有其存在的价值。这种翻译对译者具有极高的要求，因此在翻译实践中使用较少。

例如，《鲁拜集》的英译本中有一节如下：

The ball no question makes of Ayes and Noes,
But Here or There as strikes the Player goes;
And He that toss'd you down into the Field,
He knows about it all—He knows—HE KNOWS!

这节诗中的足球运动在波斯语原文中其实是一种马球游戏，在翻译时译者转换了原诗的意象。在译为中文时，黄克孙将这一意象转换为围棋：

眼看乾坤一局棋，
满枰黑白子离离。
铿然一声成何劫，
唯有苍苍妙手知。

不难看出，汉语译文在形式与意象上与原文极为不同。黄克孙称这一翻译方法为"衍译"。严格来讲，这是借用别人思想进行的一种再创造，不是翻译。再如：

江雪

柳宗元

千山鸟飞绝，
万径人踪灭。
孤舟蓑笠翁，
独钓寒江雪。

Angling in Snow

Over mountains no bird in flight,（a）

Along paths no figure in sight. (a)

A fisherman in straw rain coat, (b)

Angling in snow in a lonely boat. (b)

很明显，上例译文的节奏与原诗歌类似，押韵也采用的是 aabb 韵律，很明显符合了汉语诗歌的韵式，便于译入语读者接受。

这几种类型的区分，在于所强调的因素不同。拉夫尔在《假语真言》中使用一个生动的比喻，对以读者为中心与以作者为中心的区别进行了说明。他指出，对待口渴的小孩，目前有两种截然不同的态度：有的母亲会把水直接端给孩子；有的母亲会把孩子带到水边。

我国的作家，翻译家，理论家对诗歌翻译也有相关的论述。郭沫若认为，文学翻译，包括诗歌翻译应不失"风韵"。

成仿吾指出"译诗应当是诗"。在他看来，译诗就像获得诗人的灵感而创造。

巴金认为，一部文学作品译出来也应该是一部文学作品。

总体而言，译诗与写诗大致相同。译诗首先是一首诗，同时又能体现原诗的神韵与意义；在神韵与意义之间，应优先考虑神韵。

（四）《诗经》翻译

《诗经》是中国古代诗歌的开端，是中国最早的一部诗歌总集，收集了西周初年至春秋中叶的诗歌，内容丰富多样，情感真实，其犹如一面镜子，反映了当时的社会生活面貌。《诗经》具有强烈的艺术魅力，是中国现实主义文学的第一座里程碑。有着独特魅力的《诗经》也引起了西方汉学家的关注，他们将《诗经》译成英文呈现给西方读者，对中国文学的传播做出了重要的贡献。

1.《诗经》英译的历程

《诗经》的早期英译活动是从 17 世纪开始的。1626 年，比利时人金尼阁（Nicolas Trigault）用拉丁语翻译了包括《诗经》在内的"五经"，这是最早的《诗经》西文译本。1698 年，法国人马若瑟（J.H.Marie de Premare）翻译了《诗经》中的 8 首诗歌，译文被法国汉学家杜赫德（Jean-Baptiste Du Halde）收入其《中华帝国全志》一书中。该书曾在 1736 年和 1738 年两度被译为英文，英语读者正是由此最早接触到其中收录的《诗经》。

18世纪，英国汉学家威廉·琼斯（William Jones）初次接触中国诗歌是《大学》的拉丁文译本所引用的《诗经》中的若干篇。琼斯曾经将《卫风·淇奥》中的一节分别用直译和意译的方式译成拉丁文。1829年，英国汉学家戴维斯（J.F. Davis）在其专著《汉文诗解》中以《诗经》和先秦至六朝民歌为例论述了中国诗歌格律，开创了《诗经》原文英译的先河。

19世纪，《诗经》英译出现了第一个全译本，理雅各（James Legge）是第一个全译者，英译本的名称为 The Shi King，该译本于1871年在香港出版，其在《诗经》英译史上具有里程碑式的意义。理雅各的译本前附有"绪论"，对《诗经》的基础知识进行说明，为英语读者的理解和欣赏扫清了语言文字的障碍，但是他的翻译只传递了原诗的字面意思，没有再现原诗的质朴和美感。

1876年，理雅各又推出了另一个《诗经》英译本，与1871年的译本有明显的区别。这种一诗两译的做法，让理雅各在中国古典诗歌英译史上占有一个很独特的位置：为了平衡源语学术知识与译入语诗歌规范的矛盾就需要找寻实际的答案，他是这方面的先驱；另外推出的这个诗体译本，证明了他认为译作的重点不可能同时兼顾学术与诗歌规范两方面的要求。

进入20世纪，《诗经》的英译受到越来越多的关注，这一时期阿瑟·韦利（Arthur Waley）的 The Book of Songs 和高本汉（Bernhard Karlgren）的 The Book of Odes 两个译本备受瞩目。

相较于之前的汉学家，韦利在诗歌的翻译风格方面有所创新，不仅超越了表面的"形似"，而且体现了其追求传达原诗精神的"形似"风格。韦利的翻译更强调诗集的审美价值，注重再现原文的韵律之美。但是他的译文没有押韵，因为他认为"用英语不可能再现原文的押韵效果"，这一观点对后来的西方汉学家产生了深远的影响。韦利的中国文学英译本是少数能真正吸引英语读者的译作，能够引起读者的共鸣。

高本汉在《诗经》翻译方面的取向与韦利相反，他的翻译以学术需要为旨归。他认为《诗经》产生年代久远，文字繁难，只有掌握中国传统的训诂和音韵方法，辅之以现代语言学理论的科学方法，才能真正读通文本，从而更好地翻译《诗经》。为此，他在《诗经》字词训释上面花了大量工夫。他的译作是学者译诗，是以学问完全压倒诗意的作品，可以说作为学术翻译，其译作是一个重要的里程碑。但是这种牺牲诗意译诗方法注定了无法吸引大量英语读者的目光。

美国著名诗人庞德（Ezra Pound）也对《诗经》进行了翻译。早在1915年，庞德在不懂汉语的情况下通过研究美国东方学家费诺罗萨（Ernest Fenollosa）的遗稿，翻译了一系列的中国古诗，包括《诗经》在内的共19首中国古诗，收集在《华夏集》(Cathay)中。由于不懂汉语，庞德无法理解中国古诗的音韵和形式结构，但是可以清楚地看到诗中的意象，因此在译诗时最为关注对诗中意象的处理。《华夏集》在翻译上并不忠实于原文，很大程度上是作者的再创造。此书也成为英美意象派诗歌的代表作，产生了深远的影响。

1954年，庞德开始翻译《诗经》，书名为 The Classical Anthology Defined by Confucius（《诗经：孔子所审定的古典诗集》）。此时庞德已经基本通晓汉语，其译文不再是对原诗的再创造，而是力求传达原诗的风格与韵味。庞德认为《诗经》是中国百姓的民歌，因此他开创了用美国民歌的文风来翻译《诗经》。

2.《诗经》翻译的难点

中国古诗讲究音韵优美、节奏和谐，注重简洁、含蓄、凝练等，而这一特点在《诗经》中发挥到了极致。但在英译过程中，如何有效兼顾外在雅和内在美一直是中外译者关注的问题。其中，诗歌的体式、诗性语言和诗的意象是最为常见的几个问题，下面就从这几个方面来分析《诗经》英译中的问题和难点所在。

（1）诗歌体式的选择

就体式而言，现在的《诗经》译本主要有四种体式：散体、韵体、无韵体和诗意的散文。下面以《诗经·小雅·采薇》中的第六章为例来分析这四种体式。

昔我往矣，杨柳依依；今我来思，雨雪霏霏。行道迟迟，载渴载饥；我心伤悲，莫知我哀！

At first, when we set out, The willows were fresh and green; Now, when we shall be returning, The snow will be failing clouds. Long and tedious will be our marching; We shall hunger; we shall thirst. Our hearts are wounded with grief, And no one knows our sadness.

（James Legge 译）

理雅各的翻译并没有使用节奏和韵脚，而是使用了分行的散文，但是读起来十分自然流畅。理雅各忠实再现了原诗的字面意思，使英语读者能够切身体会到诗歌的意境。理雅各的译本可以作为《诗经》散体译文的代表。

  At first, when we started on our track, The willows green were growing.Tis raining fast and snowing. And food and drink will fail us. / Ah, hard to bear is the misery! None knows what grief assail us.

（William Jennings 译）

威廉·詹宁斯（William Jennings）的译诗具有英语传统诗歌的韵味，读来更像是诗，能够给读者带来美的享受。詹宁斯的译本可以作为《诗经》韵体译文的代表。

  Long ago, when we started, The willows spread their shade. Now that we turn back, The snow flakes fly. The march before us is long, We are thirsty and hungry. Our hearts are stricken with sorrow, But no one listens to our plaint.

（Arthur Waley 译）

韦利的译诗以抑扬格为基础，但又没有那么严格，而且没有使用韵脚，读起来却颇有诗歌的节奏。这种体式为"无韵体"，韦利的《诗经》译本可以作为"无韵体"的代表。

  Willows were green when we set out, It's blowin an snowin as we go down this road; muddy and slow, hungry and thirsty and blue a doubt（no one feels half of what we know）.

（Ezra Pound 译）

庞德在翻译时并不拘泥于词与词的对立，也不在意句子的长短和次序，而是将诗词译成了散文，虽然译诗更像是自己创作的诗歌，在一定程度上有损原诗的意味，但主题旨趣距离原文并不远。庞德的《诗经》译本可以作为诗意的散文翻译体式的代表。

（2）诗性语言

诗性语言表现在语言的准确性、音韵的处理和意象的转换上。

《诗经》中的诗句多为四言句，并藏经含典，在文学史上历来被称为意蕴深远的典范。但随着时代和语言的发展，当时或许是通俗易懂的内容到了汉代就难以被人理解了。因此，准确把握并传达原诗的涵义就成了翻译《诗经》的首要难题。要让外国读者充分领略中国文化的魅力，译者就要具备深厚的汉语功底和广博的古文化知识，这样才能准确理解原诗，发现诗句中蕴含的历史典故，进而明确传达其神韵。例如：

  青青子衿，悠悠我心，纵我不往，子宁不嗣音？青青子佩，悠悠我思，纵我不往，子宁不来？挑兮达兮，在城阙兮。一日不见，如三月兮。

  上述《诗经·郑风·子衿》是一首著名的情诗，其中"青青子衿"和"青青子佩"运用的是借代手法，用绿色衣领以及其佩戴的绿色玉佩来指代女子的心上人。这种用法在《诗经》中很常见，而且对于中国读者而言理解起来并不困难，但对于西方读者则很难。理雅各将"青青子衿"译为：O you, with the blue collar；"青青子佩"译为：O you, with the blue（strings to your）girdle-gems。通过添加括号里的内容，就为"衣领"和"佩玉"加上了主语，为读者塑造出了一个着绿色衣襟并佩戴玉佩的谦谦君子形象。可以看出，译者采用的是阐释性的翻译方法，对原文中可能对读者产生陌生性的信息加以阐释性处理，从而完整地传达了原文的信息。

  《诗经》中的诗歌是可以咏唱的乐歌，在翻译时就有必要对诗歌这一咏唱特点加以体现。《诗经》在词语的使用方面惯用重言、双声、叠韵以及叠字等，在句子的使用上则惯用四字结构，言简意赅，音韵和谐，节奏整齐，加之叠章手法的使用，使诗歌有一唱三叹之感。可见，韵脚对原诗具有十分重要的作用，若译文失去了韵脚，就无法让读者想象与体会到古代中国的民众吟咏诗歌的景观。威廉·詹宁斯的译本就强调了 metrical（格律诗的），更是突出了 rhymes（韵脚）。威廉·詹宁斯在翻译中努力保持汉语原诗的外在形式，特别是在用韵方面。因此，他的翻译是比较规范的韵体翻译，基本移植了原诗的格式、韵律和节奏。韵体翻译使得意韵和谐，相得益彰，在听觉效果上超过了无韵体。因此，就《诗经》的翻译而言，韵脚的翻译是很有必要的。

  中国诗人在创作诗歌时十分注重"象外之旨"和"弦外之音"，他们常用某些具体的有限形象来表达超越形象本身的无限意义，从而生动地反映生活情景和思想感情。意象在中国古典诗歌的创作和欣赏中作用巨大。但是在翻译过程中，原文意象很难进行传达，而且效果也不尽如人意。下面以《诗经》中《邶风·北风》（第一节和第三节）的翻译为例进行说明。

  北风其凉，雨雪其雱。惠而好我，携手同行。其虚其邪？既亟只且！

莫赤匪狐，莫黑匪乌。惠而好我，携手同车。其虚其邪？既亟只且！

Cold blows the northern wind, Thick falls the snow. Be kind to me, love me, Take my hand and go with me. Yet she lingers, yet she havers! There is no time to lose.

Nothing is redder than the fox, Nothing blacker than the crow.Be kind to me, love me. Take my hand and ride with me. Yet she lingers, yet she havers! /There is no time to lose.

（Arthur Waley 译）

对于上述诗歌，不同的人有不同的理解，一些儒家学者认为本诗是歌者对魏国境内的压迫和苦难的一种抗议，但在韦利的译本中，则将其解读为一首爱情诗。在韦利的译文中，狐狸和乌鸦这两个意象只是作为自然界中的典型形象被歌者用以自比来表白心迹。而对中国人而言，狐狸和乌鸦常常是奸诈、邪恶的象征，因此将该诗作为政治悲歌来看更自然，而将它作为爱情诗句来理解则显得十分牵强，也是对中国传统文化没有深刻了解的表现。

二、小说翻译

（一）小说的定义

小说是以艺术形象为中心任务，通过叙述和描写的表现方式，在讲述部分连续或完整的故事情节并描绘具体、生动、可感的生活环境中，多方位、多层面、深刻且具象地再现社会生活的面貌的文学体裁。

该定义中的艺术形象，主要包括人物形象、动物形象和景物形象的整体。其中，人物形象属于核心。小说通常用叙述、描写等手段，但这并不排除局部地、不同程度地用抒情、说明、议论等表达方式。其中，叙述和描写是最基本和根本的手段。小说一般都是完整的或相对完整的故事，而现代小说经常有时空跳跃，会故意将一个完整的情节分割成零碎的片段。但是，小说的情节必须保持局部的连续与表述的一致，具象化地再现，注重小说的文艺方式，不可与抽象的哲学方式混同，并且，还要尽可能地避免给抽象的主题找到一个形象化的图解的躯壳，这种创作会更加生动、可感、具体，但这并不是一贯的、发自内心的且真诚的具象构思。

(二)小说的分类

1. 长篇小说

长篇小说的字数可达十万字以上。长篇小说反映的纵断面生活更加厚实、背景更为浩繁、结构复杂、人物极多。一篇成功的长篇小说不但能塑造主要的人物,而且能塑造多个典型的人物。

长篇小说情节曲折、多变,其环境描写有特定的区域景物,还有特定的、由复杂人际关系构成的社会环境。其通常会因为对社会进行全面、深刻地反映而被称为"史诗"。在一定程度上,某一时代的文学作品都是长篇小说。

2. 中篇小说

中篇小说的字数一般会控制在 3 万到 10 万之间。结构稍显复杂,人物相对较多,但一般仅围绕一个人物展开,没有长篇小说的层面那么多。

3. 短篇小说

短篇小说的字数通常是两千以上、3 万以内。短篇小说主要是截取生活中有典型意义的横断面来反映一定的社会生活。在对人物刻画上,短篇小说会集中艺术笔墨塑造一个性格侧面较为系统、完整的人物。

4. 微型小说

微型小说是容量最小的,篇幅最短,其情节也非常单一,人物也很少。微型小说的字数可以是几十字、几百字或两千字之内。

微型小说的涵义深刻,可以给读者留下很大的想象空间;取材一般来自生活中的小事,渗透一些褒贬或哲理。微型小说通常充满着智慧与巧妙,有着幽默、荒诞、夸张、象征、幻想等色彩,可以释放巨大的思想能量,震撼人心。

其实,篇幅上的差异仅是表面上的形式标志,主要的区别还应看小说的内容与形式,不同的材料适合写不同的小说,是要根据小说审美形态来选择的。

(三)小说的语言特点

1. 形象与象征

小说语言一般是通过意象、象征等手法形象地表明或表达情感和观点的,而不是用抽象的议论或直述其事来表达。小说的语言会用形象的表达对一些场景、事件及人物进行具体、深入的描绘,使读者有身临其境之感,从而有一定的体会和感悟。小说对人物、事物会做具体的描述，其使用的语言一般以具象体现抽象，用有形表现无形，使读者渐渐受到感染。

小说中经常用象征的手法。象征并不明确或绝对代表某一思想和观点，而是用启发、暗示的方式激发读者的想象，其语言特点是以有限的语言表达丰富的言外之意和弦外之音。

用形象和象征启迪暗示，表情达意，大大增强了小说语言的文学性与艺术感染力，这也成了小说的一大语言特点。

2. 讽刺与幽默

形象与象征启发读者向着字面意义所指的方向找更丰富、深入的内涵，讽刺则使读者从字面意义的反面去领会作者的意图。而讽刺，即字面意思与隐含意思相互对立。善意的讽刺一般能达到诙谐幽默的效果。讽刺对语篇的道德、伦理等教育意义有强化作用。幽默对增强语篇的趣味性有着重要作用。虽然讽刺和幽默的功能差异很大，但将二者结合起来将会获得意想不到的效果。讽刺和幽默的效果一般要通过语气、音调、语义、句法等手段来实现。小说语言的讽刺和幽默效果的表现形式有很多，它们是表现作品思想内容的重要技巧，更是构成小说语言风格的重要因素。

3. 词汇与句式

小说语言中，作者揭示主题和追求某种艺术效果的重要手段就是词汇的选用和句式的安排。小说语言中的词汇在叙述和引语中的特点是不同的。在叙述时，使用的词汇较为正式、文雅，书卷味很强。引语来自一般对话，但又与一般对话有所不同，其有一定的文学审美价值。小说的引语应摒弃一般对话中开头错、说漏嘴、因思考与搜索要讲的话所引起的重复等所用的词汇与语法特点。

小说中的句式既有模式化的特征，如对称排比等，又有与常用句式的"失协"。句式不同所产生的艺术效果也不同，作者就是通过运用不同句式而实现其表达意图的。

4. 叙述视角

通俗地说，小说就是讲故事，所以其语言是一种叙述故事的语言。传统的小说特别注重小说的内容，关注讲的故事是什么，重点研究故事的要素，包括情节、人物和环境。但是，现代小说理论则更在意如何讲述故事，将原来的研究重点转向了小说的叙述规则、方法及话语结构、特点上。通常，小说可以用第一人称和第三人称的形式展开叙述。传统的小说通常采用两种叙述视角：一是作者无所不知的叙述；二是自传体，即用第一人称的方式进行的叙述。现代小说则变成一切叙述描写均从作品中某一人物的角度出发。总之，叙述视角的不同最后所获得的审美艺术效果也大为不同。

（四）小说批评

有人说，21世纪属于批评的世纪，因为把批评包括在艺术创造在内的观念形成了文学价值观的特色。批评是艺术创造的一部分，对任何一门艺术的认识，必须包括批评这一领域，否则就无法形成完整的认识。但是，批评家这个角色一直被外界忽视乃至蔑视，因此必须从艺术的普遍角度证明批评家和批评在整个小说艺术上不可替代的位置。

1. 小说批评的内涵

狭义的小说批评是专业意义上的批评，以方法上的自觉为核心要素。广义的小说批评就是小说阅读，任何读者无论是有意识的还是无意识的，其实无一例外地在阅读作品时都进行着批评。

一旦将批评严格限定在方法的意义上，那么专业的小说批评家必须接受过小说批评的方法训练并自觉运用这种方法。通常情况下，专业的小说批评家需要满足以下三种条件：一是阅读的积累；二是比较的意识；三是程序化地处理自己的观点。艺术真实和艺术价值是小说的内在生命力，完整的小说批评必须兼顾这两者，也就是说，既对原作作品的"事实"部分进行阐释，又对作品的"价值"部分进行评价。

从一定意义上讲，译者是一种特殊的读者，需要研究小说原作的方法论的有无。

2. 中西小说批评对比

小说批评已形成四大类：鉴赏批评、实证批评、实用批评、功能批评。

（1）西方小说批评

现代英美新批评重视对作品的细读，但仍是十足西方化的，其最终指向作品的语言结构、逻辑方式等内在要素。另外，西方小说批评试图建立统一的理论范畴、概念，包括什么是含混、反讽、矛盾语、张力等。

总体来讲，西方的小说鉴赏批评是从具体向普遍过渡，为读者提供普遍知识，在结合个别作品事例的同时超越作品本身。因此，西方的批评目的在于达到科学性。

（2）中国小说批评

中国明清两代的小说评点以鉴赏批评为主流，这种评点方式是中国小说批评家独创的，它不仅提高了人们对排斥在正统文学门外的古典小说的重视程度，更重要的是为小说批评这门学科提供了一种美学方法。

中国的小说评点无意识地就将自身限定在纯阅读经验的述说这一维度上，并不追求理论的升华。中国小说点评家坚持细读，坚持不超越作品本身，而是注重浓厚的艺术品位。尽管中西小说批评的目的不同，但都符合一定的读者的需求。

中国小说评点与作品内容自然、融洽地结合在一起，所以中国小说批评方式与西方文论批评模式相比，表现出鲜明的特色。在中国古典小说译出时，为了突出中国小说的特色，要广泛吸取中西小说批评理论的长处，并据此从宏观上把握小说的艺术性以及从微观上选择译语的修辞。

（五）小说文本解读

无论是翻译学的理论构建，还是翻译行为的具体实施，都需要先从文体研究入手。古今中外，关于文体的定义，有很多种说法。在综合古今多重定义的基础上，文体主要包括两方面：体制规范以及艺术构造方式和形态。叙事是艺术构造方式和形态背后的文化精神和主体意识，因此文化精神自然成为文体研究的对象。

1. 语言解读

文学语言的传统分类往往是以体裁为标准的，即分为小说语言、散文语言、诗歌语言和戏剧语言，但是这种分类不可避免地带有很大的局限性。首先，这种分类忽视了同一体裁内部的语言差异。其次，这种分类抹杀了四种体裁的文学语言的共性。实际上，这四种体裁的文学语言并不是互相对立和矛盾的，它们之间表现出一定的交叉性，如散文语言中蕴含诗歌语言，诗歌中也有散文化的语言，优美的戏剧语言是诗化的语言，小说既有散文语言，又有诗歌般的作者叙述语言等。按照这种文学语言的分类方法去研究文学语言，就无法探究文学语言的本质，而只是浮于表面。

因此，曹炜提出从文学语言的交际功能着手对文学语言进行分类。从本质上讲，文学语言就是作家向读者传递信息的工具。在这个传递信息的过程中，文学语言内部各要素承担了不同的功能。据此，文学语言分为直接交际语和间接交际语两大类。从文学语言的内部组成成分来看，这两类语言的交际功能、交际角度和制约因素都是有差异的。

直接交际语是作者直接同读者进行言语交际的话语，即叙述语言。根据不同的视角还可以分为元叙述语和次叙述语。

间接交际语是作者借助作品中人物之口向读者传递信息的编码，即人物语言，具有间接交际功能。据交际对象的不同，又可分为对白和独白。

2. 审美解读

对于文学翻译来讲，审美的终极目标是实现语言的正确与得体。老舍曾经指出，写作需要运用与对象相适合的语言，写花要用花的语言和感觉。看书是需要灵感的，只要书中有一部分吸引了自己，就认为是好书，因为这一段使我对这全书有了好感；只是因为没有时间细读，也就不作批评，如果强行批评，也是不完美的批评。其实，老舍道出了潜批评的表现形式，即内在的没有说明的审美批评，这与显批评，即已经说明的专业批评是相对应的。这两种批评都是翻译所需要的。从宏观与微观两方面进行译语再现，就会产生不同的译文。

（六）小说的翻译方法

1. 小说翻译概述

1840 年，西方列强以炮舰打开了中国的大门，使中国沦为一个半封建半殖民地的国家。与此同时，西学东渐呈现出强有力的态势，在这一文化背景下，各国文学作品也相继被译介到国内，形成了我国翻译史上第一次文学翻译高潮。

在各种外国文学的译介中，小说的翻译占了绝大多数。它始于 1873 年，于清末达到兴盛期，直至五四运动，前后经历了 50 多年的发展历程。期间，翻译小说的数量之大实在惊人，据统计达 2504 种。翻译小说所涉的题材、内容也是五花八门、无所不包，如历史小说、政治小说、科学小说、侦探小说、社会小说、传奇小说、爱情小说、教育小说等。

近代翻译小说的大规模出现，对国人了解外部世界、丰富我国的传统文化、推动整个社会的变革，都产生了深远的影响。

2. 晚清小说翻译

中国古代小说长期并且一直归属于社会的边缘，为文人士大夫所不齿。鲁迅曾感叹"在中国，小说向来不算文学家的""做小说的也不能称为文学家"。然而，清末民初，中国文学出现了小说革命的浪潮，晚清翻译小说是这次小说浪潮的中坚力量，翻译小说大量出现，数量巨大、类型全面、影响深远，在整个翻译文学中占据绝对的优势。

无论是中国小说，还是西方译介小说，从"小道"一跃而成为"文学之上乘"，这一现象并非偶然。只有把整个翻译活动置于一个广阔的社会文化大背景下，抓住特定的历史时代主流思潮和意识形态，才能深刻地理解晚清翻译活动。晚清小说革命是小说翻译活动的直接动力，而翻译、介绍域外小说又是小说界革命的第一步。

戊戌变法失败以后，代表着当时政界、思想界、文学界先锋人物的维新派对自上而下的改革彻底绝望，认识到不能依靠保守的官吏和腐败的晚清政府来完成改革大业，只有从国民做起，唤起国民舆论，振作国民精神，使改革之事成为国民共同的事业方能成功。

1902年11月，《新小说》杂志在日本横滨创刊。梁启超在《论小说与群治之关系》中提出了"今日欲改良群治，必自小说界革命始，欲新民，必自新小说始"的小说界革命口号。国民素质关乎救国强种之要，在维新派的笔下，开民智、育民德一直是"新民"的主要任务。

严复曾经呼吁："今日要政，统于三端：一曰鼓民力，二曰开民智，三曰新民德。"

梁启超在《新民说》"叙论"里开宗明义指出，同是圆颅方趾，同样的日月山川，为什么国家有强有弱？不在于地利，不在于个别英雄，而在于国民。梁启超还指出，欧美国民虽然强调个人权利，视独立、自由高于生命，但其群体观念又绝非中国民众所能及。他批评中国人奉行"人人皆知有己，不知有天下"的处世之道。他提倡"固吾群，善吾群，进吾群"的新道德，即公德。

3. 小说翻译的基本方法

（1）人物塑造与翻译

小说特别注重对人物的刻画。小说通常会塑造性格不同、栩栩如生的人物形象，如英勇伟岸的时代豪杰，平庸无奇的市井小人，浓施粉黛的大家闺秀，秀色可餐的小家碧玉等。这些人物形象一方面对读者具有启发作用，另一方面可以将读者带入特定的境界中，获得丰富的审美体验。在塑造类型各异的人物时，作家往往会使用各种风格的语言，以此来展现小说人物的精神状态，揭示其内心世界。译者在对各种不同小说人物进行翻译时应对此给予关注。

翻译是两种语言之间的形象转换。小说人物塑造的翻译应对附加在词汇本身概念上的联想意义进行甄别。英汉两种语言分属于不同的语言体系，中西文化传统也存在很大的差异，中西方人的思维模式各不相同，要想以一种完全不同的语言再现另一种语言创造的艺术品，并非易事。对此，国内有学者提出在译入语中对人物形象的忠实重塑应该遵循等值原则。奈达提出了"动态对等"翻译标准，也就是源语与译入语之间最贴切、最自然的对等。其核心是从译入语中找出恰当的表达手段，采用最自然的方式来将原作的对等信息表达出来。翻译等值概念的出现，使小说人物塑造的翻译走出两个极端（即直译与意译），获得了更新、更全面的等值翻译。

在具体的小说翻译实践中，译者要用心选词，找到恰当的表达方式，使读者通过阅读译文也能对人物形成深刻、鲜明的印象，获得与原文相同的效果。

（2）小说修辞的翻译

小说的审美价值很大一部分体现在"小说修辞"中。所谓"小说修辞"，是指"隐含作家"用来控制读者的技巧，而这一技巧具体来讲就是作者叙事的技巧。"叙事"正是叙事学中最基本的概念，"叙事之于小说犹如旋律节奏之于音乐、造型之于雕塑、姿态之于舞蹈、色彩线条之于绘画，以及意象之于诗歌，是小说之为小说的形态学规定"。小说的本质特性就是叙事，即"采用一种特定的言语表达方式叙述来表达一个故事"。小说离不开叙事，叙事是小说的灵魂。小说是文学作品的一大题材形式，是散文叙事艺术的集大成者，所有文学翻译的准则无疑都适用于小说翻译。

俄罗斯翻译理论家科米萨罗夫提出，按照原作的功能目的，翻译可分为"文艺翻译"和"非文艺翻译"（即"信息翻译"）。之所以将文艺作品和其他言语产品对立，是因为它具有文艺美学功能，而在其他言语产品的翻译中占第一位的则是信息功能。

小说翻译受节奏、语音、语调的影响相对较小，也不太受形式和内容关系的约束，尤其是现实主义小说，因此译者在翻译小说时往往只注意原文的内容而容易忽视其形式，不能反映原文中通过语体或独特的文学话语体现出来的修辞、美学功能，更乐于在内容层面上建立对等，将注意力集中在小说事实上，忽略原作者对表现形式的操纵。这类翻译被称为"虚假等值"。

在小说翻译中，要达到文艺美学功能的等值，译者必须紧紧抓住叙事这一本质特性，恰当地把握原文作者的叙事技巧，准确地再现原作中的叙事类型。作者的叙事技巧往往表现在两个方面：一方面是小说的叙述结构安排；另一方面，表现在"叙述话语"上，即表现在"用于讲述某一事件或一系列事件的口头或笔头形式"上。

小说中经常可以看到多种多样的修辞手段，对这类修辞手段进行翻译，译者需要结合上下文以及背景知识，选取合理的表达手法将原文翻译出来。

（3）小说风格的翻译

读者在阅读小说时可以发现，有的小说语言简单活泼，有的语言则幽默辛辣，不同的语言特点其实都源于小说家写作风格的不同。另外，小说的风格还会通过小说的主题、人物形象、故事情节、创作方法等表现出来。

关于风格，Webster's Encyclopedic Unabridged Dictionary of the English Language 提供的释义是："具有某一团体、时期、个人或性格特征的，在写作或讲话中为达到清晰、有效以及悦耳目的的，通过选择和安排适当的词语来表达思想的方式。"因此，风格的涵义既是作品所特有的艺术格调，还是通过内容与形式结合而体现出来的思想倾向。

译文的读者一般不会直接接触原作，但依然希望与原作的读者一样领略作品中所包含的精神。美国翻译理论家奈达指出，真正需要的是提供这样一种译文：它可以使译文读者领略到读原著所能领略到的东西。虽然译者在风格方面不能做到完全统一，但是译者应尽可能地避免受自身风格的影响，使作者期望达到的艺术功能与特殊效果得以保留。

这就要求译者在翻译不同小说家的作品时，必须在准确传达原文思想内容的基础上，忠实地再现原文的风格。

具体而言，准确再现原文风格，首先需要把握作者的创作个性，然后要了解作者的创作意图与创作方法，且要了解作者的世界观、作品的创作情况等。只有对这些问题有所掌握之后，才可能还原原文的艺术效果。

（4）小说语境的翻译

语境，即语言环境，是指用语言进行交际的具体场合。小说的语境均是特定语言创设的语境，而语境的翻译要比语义翻译更加困难。

语境在很大程度上影响着译者对原文的理解。在进行翻译实践的过程中，译者了解作为符号的语言与具体语境之间的关系对于信息的正确传递具有重要的影响。如果译者忽视了语境的作用，则很难忠实于原文的风格进行翻译，同时无法准确传递出原文信息。英汉两种语言具有很大的差异性，因此想要取得完全相同的表达效果是不可能的。在小说翻译中，译者需要在运用自身的语言知识的基础上重视语境对文章表达的影响，从而在很大程度上还原原文的信息。

小说是在语境中生成意义的，这种语境可能涵盖政治、经济、文化等很多方面，虽然看似毫无关联，却能给作品构造出框架，体现作者的思想。因此，从本质上来看，小说翻译就是不同文化语境的碰撞与交流。因此，译者在小说翻译的过程中要在转换语言的同时对其文化语境展开深入分析，使用恰当的词语和表达方式，准确地翻译原文语境。

（七）小说翻译实践

1. 审美与翻译

小说以人的情感脉动为主线探索宇宙与社会，而情感的脉动离不开由心理事实构成的人的精神世界，因此小说的创作与欣赏是人的一种审美活动。翻译离不开语言审美，小说翻译也是如此。刘宓庆指出，翻译必须回归美学，翻译学应该成为美学的重要分支。另外，翻译研究应大力倡导科学的理论原则，要加强语言间的互补性研究。翻译研究要摆脱二元化的认识局限，不能认为除了直译就是意译，二者并非是相互排斥的关系，更多是表现为你中有我、我中有你。例如：

The excellence of every art is its intensity, capable of making all disagreeable evaporate from their being in close relation ship with beauty and truth.

任何一种艺术的高超之处就在于它具有强烈的感染力，因为它与美、与真紧密相连而使种种有失于怡人的成分烟消云散。

在本例中，译者就是将直译和意译结合起来，才建构出了这样优秀的译文。这正是梁启超所谓的好的翻译，也就是直译和意译的圆满调和，对"二元化"的优化解构。

翻译审美中必须把握住作者的情志、意旨，才能以此为准绳选择词语，确定译文总体风格、风貌或风骨的再现。

如果属于文学语言，就没有必要管一字对一字的准确，一句对一句的工稳，一段对一段的齐整了。而所要求的是笼罩全书的气氛，是鸟瞰整体宏观的架构，把语言不能表达的表达出来。既是文学的本质，翻译一事就不能用任何肯定的方法，只有求之于从模糊中显出要表达的意思来。求"雅"是文学之为艺术的唯一要求，"信"与"达"是不能列为要求的条件的。翻译小说，是翻译文学语言，是把日常语言所不能表达的东西给予表达出来。不能谈"信"，也不必谈"达"。

在此，以《咆哮山庄》为例来说明小说的审美与翻译。《咆哮山庄》是一件艺术品，所述既不是日常的事，说的也不是日常的话。作者既不是要研究那里的风为什么刮得如此之大，也不是要探讨那里的树为什么长得那么畸形。《咆哮山庄》是艺术，既不是新闻报道，也不是科学报告。一团暴烈的情感，一股野蛮的力量；一堆盘根错节的树，一场呼号嘶叫的风从 1769 年到 1802 年，跨越四分之一世纪，辗转于思萧（Earnshaw）家的咆哮山庄与林顿（Linton）家的画眉山庄，回荡在两山庄间广漠的荒野上。这一片英格兰北部约克郡的沼泽地，隔绝了来往其间的人物。尤其是希兹克利夫（Heathcliff），因疏离而压抑，因压抑而爆发。他与凯瑟琳（Catherine）二人是沼泽地孕育的儿女，他们的气息与脉动呼应了沼泽上的雨雪与狂风。二人的感情宣泄而出，倾盆如注，亦如雪的汹涌与风的骤狂。外人无法参与他们的天地，也消受不了他们的震荡。这种震荡的剧烈由画眉山庄的个性与俯仰其间人物的平稳、踏实与宁静衬托出来。就是在开卷不久，洛克伍德（Lock-wood）拜访希兹克利夫时，就看到呼叫的狂风下挣扎求生的枞树与张牙舞爪的荆棘，由这种外在的自然环境引出了主人的心理状况，完全的不驯与恣意的野狂。

Wuthering Heights is the name of Mr. Heathcliff's dwelling, "Wuthering" being a significant provincial adjective, descriptive of the atmospheric tumult to which its station is exposed in stormy weather. Pure, bracing ventilation they must have up there, at all times, indeed; one may guess the power of the north wind, blowing over the edge, by the excessive slant of a few, stunted firs at the end of the house; and by a range of gaunt thorns all stretching their limbs one way, as if craving alms of the sun.Happily, the architect had foresight to build it strong: the narrow windows are deeply set in the wail, and the corners defended with large jutting stones. (Emily Jane Bronte: Wuthering Heights)

"咆哮山庄"是希兹克利夫先生的住所。"咆哮"是当地一个很有意义但太偏狭的形容词，显示出在暴风雨的时节所感受到的气候的骚动。当然，纯洁的空气他们这里是随时都有的。这屋子的末端几株发育不全的枞树之过度倾斜，以及一排茁壮的荆棘向着一个方向伸展着四肢，好像在求太阳的施舍似的，我们可以猜想到那北风的声势是什么样子。侥幸地，这房屋的建筑者是有先见的，造得很坚固；狭窄的窗子深嵌在墙里，同时，墙角也用突出的大石头保护着。（梁实秋译）

原作主要是在抓住与展开这荒凉与恐怖的气氛，而梁实秋的翻译却偏偏没有抓住，遑论展开。梁实秋是在一字对一字、一句对一句、一段对一段地零碎翻译，正像诗人罗伯特·弗洛斯特（Robert Frost，1874—1963）所说，在诗的翻译中，所失掉的正是该诗之所以为诗的东西。我们可以引申为梁实秋的译文所失掉的，正是该小说之所以为艺术品的东西。

2.语体与翻译

语体分为口头语体和书面语体。书面语体又分为文言语体和白话语体。这两种书面语体先后成为小说创作的工具，并一直共存。文言语体注重写意传神。文言小说语体可以吸收口语元素，以及韵语、骈语，以至译音译意外来词等各种成分。通常情况下，当文言语体中引进了较多的口语元素时，就越能发挥写实描摹的作用，也越能将写意表现得更加充分，这样就慢慢形成了"杂而文"的语体特色。由于文言语体在写意功能上具有很大的延展性，因而文言修养较高的人几乎可以近似地描摹任何事物。

古代小说的两种书面文体是动态发展的，俗和雅是发展的两端，两种语体从不同出发点进行相向运动，文言语体的由雅趋俗，白话语体的由俗趋雅，最后实现语言的雅俗融合和雅俗共赏的终极目标。这就表明通俗化和艺术化是小说文体对语体和语言发展的根本要求。近年来，由于翻译文化转向潮流来袭，学界开始注意到了林语堂成功的翻译活动及其对中西文化交流的价值。他始终将忠实、通顺和美作为自己的翻译目标。例如：

惟每年篱东菊绽，秋兴成癖。

The chrysanthemum, however, was my passion in autumn of every year.

在上述例子中，将"癖"译为 passion 而不是 addition，让西方读者认识到了中国人赏菊的审美情趣，以及菊花在中国文化中独有的地位。

在《围城》中钱钟书以掉书袋的方式评人评事，英文、法文亦手到擒来。与其说是幽默，不如说是讽刺。《围城》中的中外夹杂句子出现在叙述部分时，多半是中外并置，中文多为外国词语下定义或释名词。那对话又如何呢？《围城》中有一段描写方鸿渐拜访张先生，张先生喜欢在言语里中英夹杂，简单举一个例：

张先生大笑道："我不懂什么年代花纹，事情忙，也没工夫翻书研究。可是我有 hunch；看见一件东西，忽然 What d'you call 灵机一动，买来准 OK。他们古董捐客都佩服我，我常对他们说：'不用拿假货来 fool 我。O yeah，我姓张的不是 sucker，休想骗我！'"关上橱门，又说："咦，headache，——"便揿电铃叫佣人。

Mr. Chang laughed heartily and said, "I don't know anything about period designs. I'm too busy to have time to sit down and study it. But I have a hunch when I see something, and a sudden-what d'you call ? —inspiration comes to me. Then I buy it and it turns out to be quite OK. Those antique dealers all respect me. I always say to them, "Don't try to fool me with fakes. Oh yeah, Mr.Chang here is no sucker. Don't think you can cheat me！'" He closed the cupboard and said, "Oh, headache," then pressed an electric bell to summon the servant.

（茅国权译）

原书夹杂的英文字在英译本中自然是不译，但译者把原来的英文字以斜体来表示，以资区别。这倒不失为一个聪明的方法，至少在英译本中可以看出原文就掉的是洋书袋，比加小注要高明些。

王尔德《快乐王子》的主角是快乐王子，而整篇故事却是在一只小燕子的牵引下展开。小燕子在月光下看见的是哭泣的雕像，借王子的自我介绍而点题：

"Who are you ? " he said. "I am the Happy Prince." "Why are you weeping then ? " asked the Swallow; "you have quite drenched me." "When I was alive and had a human heart," answered the statue, "I did not know what tears were, for 1 lived in the palace of Sans-Souci, where sorrow is not allowed to enter. In the daytime I played with my companions in the garden, and in the evening 1 led the dance in the Great Hall. Round the garden ran a very lofty wall, but I never cared to ask what lay beyond it, everything about me was so beautiful. My courtiers called me the Happy Prince, and happy indeed I was, if pleasure be happiness. So I lived, and so I died.And now that I am dead they have set me up here so high that I can see all the ugliness and all the misery of my city, and though my heart is made of lead yet I can-not choose but weep."（Oscar Wilde：The Happy Prince and Other Tales）

周作人如此译：

（燕心怜之，）问曰："君何人耶？"曰："吾安乐王子也。"燕曰："然胡为泣？已濡我矣。"王子曰："当吾生时，犹具人心，乃不知泪为何物。以吾居商苏西（此言无忧）宫中，忧怨无由得入，昼游苑中，夕就广殿，歌舞相乐。苑外围以崇墉，吾但见是中之美，更无暇问此外何有矣。诸臣字吾曰安乐王子，使人世欢娱，足称安乐者，则吾信安乐矣。吾墨墨以生，亦墨墨以死。逮死后，众置我高居是间，吾遂得见人世忧患，虽吾，心为铅，不能无动，舍涕泣外，无他道矣。"

从快乐王子的生前之乐到身后之忧，周作人的译笔经济而又干净，如"昼游苑中，夕就广殿，歌舞相乐"，又如"吾墨墨以生，亦墨墨以死"，实得唐人传奇以降至于《聊斋志异》之风采：格调高华，语言尊贵。周作人曾说王尔德童话乃"诗人的诗"。就语言而论，周作人的译文也达到了这个境界，读来直如以中文写就的西洋故事。

再看巴金所译：

"你是谁？"他问道。"我是快乐王子。""那么你为什么哭呢？"燕子又问，"你看，你把我一身都打湿了。""从前我活着，有一颗人心的时候，"王子慢慢地答道，"我并不知道眼泪是什么东西，因为我那个时候住在无愁宫里，悲哀是不能够进去的。白天有人陪我在花园里玩，晚上我又在大厅里领头跳舞。花园的四周围着一道高墙，我就从没有想到去问人墙外是什么样的景象，我眼前的一切都是非常美的。我的臣子都称我是快乐王子，不错，如果欢娱可以算作快乐，我就的确是快乐的了。我就这样地活着，我也这样地死去。我死了，他们就把我放在这儿，而且立得这么高，让我看得见我这个城市的一切丑恶和穷苦，我的心虽然是铅做的，我也忍不住哭了。"

此处所引的段落较长，译笔的风格就看得更清楚些，其冗长拖沓也就显得更严重些。例如，"我并不知道眼泪是什么东西"，至少可译成"我并不知道什么是眼泪"；"悲哀是不能够进去的"，也可简化为"悲哀是不许进去的"。遑论原作中大量的人身代名词，巴金似乎毫无保留地全译了出来。只一个"我"字，王子的答话中就有18个，怎么看都太多了。以巴金的译作与创作对照来看，就会发现累赘实为其文风。说白点，他显然误解了白话文的根本定义。

刘易斯·卡罗尔（Lewis Carroll）所著的《爱丽斯漫游奇境》有随兔子直入洞中的地底探险，也有后来的小飞侠，干脆冲破地心吸力的限制，飞向永无岛去。周作人赞赏赵元任选译这部书的眼力及选用原著的插图，又佩服他纯白话的翻译以及注音字母的应用。再看赵元任的十条译书凡例，其中有一条专说本书叙事采用的是普通语体文，而对话要说得活现，就借用了方言的材料。所谓方言，指的是北京话。

"Ahem！" said the Mouse with an important air," Are you all ready？ This is the driest thing 1 know.Silence all round, if you please！ 'William the Conqueror, whose cause was favoured by the pope, was soon submitted to by the English, who wanted leaders，and had been of late much accustomed to usurpation and conquest. Edwin and Morcar, the earls of Mercia and Northumbria-'"

赵元任如此译：

那老鼠做着个高贵的样子，咳一声道，"呃哼！你们都齐备了吗？我将要给你们的东西是天下再没像这样又干又暖的了。请你们诸位静听，不准吵闹！'威廉大将，其义军本为罗马教王所嘉许，故未久即将英格伦完全臣服，英格伦彼时本缺乏领袖，近年来频遭国内僭篡与夫外邻侵略之乱，亦已成习惯。哀德温与摩耳卡耳，即迈耳西亚与娜司生勃利亚之伯爵——'"。

细看这段话实际上有两部分，前半部分说的是大家从眼泪池中爬出来，全身自然是湿透了，都想让自己快点干。the driest thing 一语双关，既用干燥一义来对照全身湿透的情况，又意味着要讲的话是最干巴巴的了。以双关语为游戏文字，比任何词汇都要难译。"又干又暖"照顾到了"干燥"之意，但"枯燥"就无法两全。再者，"齐备"又不是指用具，这样译还真的有些怪。至于后半部分是话中话，英语原文显出一派装腔作势，令人想起历史教科书来。这应是卡乐尔与爱丽思原型的小姑娘之间的心灵交感，是以诙谐来挖苦维多利亚时代的说教。赵元任者，语言学家也。他把前半部分译为口语，即周作人所说的"纯白话的翻译"，后半部分则改用文言文。虽然语体并不成熟，我们仍能感觉到译者从语体转文言时逗弄文字的兴奋，以及他借以讽刺文言文之为死文字的得意。但就翻译而言，用文言文来译老鼠的陈腔，却是神来之笔。

参考文献

[1] 王璐雯, 龚小萍. 浅析国内外英语影视作品字幕翻译研究现状 [J]. 现代交际, 2018（16）: 78-79.

[2] 王宁. 翻译与跨文化阐释 [J]. 中国翻译, 2014, 35（02）: 5-13, 127.

[3] 王宁. 翻译与文化的重新定位 [J]. 中国翻译, 2013, 34（02）: 5-11, 127.

[4] 张瑜. 翻译的修辞学研究 [D]. 南京: 南京师范大学, 2013.

[5] 方仪力. 直译与意译: 翻译方法、策略与元理论向度探讨 [J]. 上海翻译, 2012（03）: 16-20.

[6] 张爱平. 浅谈目的论在文学翻译中的指导作用 [D]. 北京: 首都师范大学, 2012.

[7] 刘俊子. 英语长难句的翻译 [D]. 武汉: 华中师范大学, 2012.

[8] 李瑞林. 从翻译能力到译者素养: 翻译教学的目标转向 [J]. 中国翻译, 2011, 32（01）: 46-51, 93.

[9] 胡庚申. 生态翻译学: 产生的背景与发展的基础 [J]. 外语研究, 2010（04）: 62-67, 112.

[10] 党争胜. 从翻译美学看文学翻译审美再现的三个原则 [J]. 外语教学, 2010, 31（03）: 96-100.

[11] 曾文雄. 翻译的文化参与 [D]. 武汉: 华东师范大学, 2010.

[12] 张法连. 法律英语翻译中的文化因素探析 [J]. 中国翻译, 2009, 30（06）: 48-51, 93.

[13] 吴越民, 吴洁. 新闻英语翻译与跨文化意识 [J]. 山东外语教学, 2008（06）: 96-102.

[14] 蔡平. 文化翻译研究 [D]. 长沙: 湖南师范大学, 2008.

[15] 隋荣谊, 李锋平. 翻译美学初探 [J]. 外语与外语教学, 2007（11）: 54-57.

[16] 韩琴. 科技英语特点及其翻译 [J]. 中国科技翻译, 2007（03）: 5-9.

[17] 顾海兵. 归化与异化策略在跨文化翻译中的运用 [D]. 北京：北京外国语大学，2007.

[18] 贾文波. 功能翻译理论对应用翻译的启示 [J]. 上海翻译，2007（02）：9-14.

[19] 王少娣. 跨文化视角下的林语堂翻译研究 [D]. 上海：上海外国语大学，2007.

[20] 王玉芹. 从文化角度看英语习语翻译 [D]. 上海：上海外国语大学，2007.

[21] 汤竹君. 中国翻译与翻译研究现状反思 [D]. 武汉：华东师范大学，2006.

[22] 刘凤梅. 从接受美学视角论翻译 [J]. 北京第二外国语学院学报，2005（02）：23-26，13.

[23] 张锦兰. 目的论与翻译方法 [J]. 中国科技翻译，2004（01）：35-37，13.

[24] 苏冰. 从文化翻译观谈中国旅游文本的英语翻译 [D]. 济南：山东大学，2005.

[25] 谢天振. 多元系统理论：翻译研究领域的拓展 [J]. 外国语（上海外国语大学学报），2003（04）：59-66.

[26] 程镇球. 政治文章的翻译要讲政治 [J]. 中国翻译，2003（03）：20-24.

[27] 蔡平. 翻译方法应以归化为主 [J]. 中国翻译，2002（05）：41-43.

[28] 孙致礼. 中国的文学翻译：从归化趋向异化 [J]. 中国翻译，2002（01）：39-43.

[29] 张新红，何自然. 语用翻译：语用学理论在翻译中的应用 [J]. 现代外语，2001（03）：286-293，285.

[30] 麻争旗. 论影视翻译的基本原则 [J]. 现代传播 - 北京广播学院学报，1997（05）：81-84.